Controlling im Krankenhaus

Herausgegeben von
Prof. Dr. Winfried Zapp

Unter Mitarbeit von
Julian Terbeck, M.A.

Die Bücher der Reihe richten sich an Fach- und Führungskräfte im Controlling von Krankenhäusern und medizinischen Einrichtungen sowie an Dozenten und Studierende aus dem Bereich Gesundheitsmanagement und Controlling. Herausgeben werden sie von Prof. Dr. Winfried Zapp, Allgemeine Betriebswirtschaftslehre mit dem Schwerpunkt Rechnungswesen, insbesondere Controlling im Gesundheitswesen an der Hochschule Osnabrück unter Mitarbeit von Julian Terbeck, M.A. Aktuelle und relevante Themen des Controllings in Gesundheitseinrichtungen werden praxisnah aufbereitet. Neben den theoretischen Grundlagen zu Bereichen wie Leistungsverrechnung, Benchmarking, Prozesskostenrechnung und Berichtswesen bietet die Reihe konkrete Handlungsempfehlungen und Instrumente. Die Bücher, die in Zusammenarbeit mit Experten aus Wissenschaft und Praxis geschrieben werden, unterstützen die Leser dabei, ihr Wissen und ihre Kompetenz in den Bereichen Kostenmanagement, Controlling und Prozessmanagement zu erweitern und praktisch umzusetzen.

Sarah Hesse · Johanna Leve · Peter Goerdeler · Winfried Zapp

Benchmarking im Krankenhaus

Controlling auf der Basis von InEK-Kostendaten

Sarah Hesse, M.A.
Hannover, Deutschland

Johanna Leve, M.A.
Warendorf, Deutschland

Peter Goerdeler
Münster, Deutschland

Prof. Dr. Winfried Zapp
Hochschule Osnabrück
Osnabrück, Deutschland

ISBN 978-3-658-04133-5
DOI 10.1007/978-3-658-04134-2

ISBN 978-3-658-04134-2 (eBook)

Die Deutsche Nationalbibliothek verzeichnet diese Publikation in der Deutschen Nationalbibliografie; detaillierte bibliografische Daten sind im Internet über http://dnb.d-nb.de abrufbar.

Springer Gabler
© Springer Fachmedien Wiesbaden 2013

Lektorat: Stefanie Brich, Claudia Hasenbalg

Gedruckt auf säurefreiem und chlorfrei gebleichtem Papier.

Springer Gabler ist eine Marke von Springer DE. Springer DE ist Teil der Fachverlagsgruppe Springer Science+Business Media
www.springer-gabler.de

Vorwort des Herausgebers

Benchmarking verstanden als Prozess oder Benchmarks als Orientierungsgröße spielen in der Allgemeinen Betriebswirtschaftslehre schon lange eine große Rolle. Die Ausrichtung an Benchmarks ermöglicht eine Analyse systematisch erfasster Daten in qualitativer und quantitativer Perspektive, um darauf aufbauend Verbesserungspotentiale zu erkennen und zu aktivieren oder Defizite qualifiziert abzuleiten und begründet angehen zu können.

Nun liegt hier eine anwendungsorientierte Arbeit aus dem Krankenhausbereich vor, die verschiedene Elemente konstruktiv-kritisch herausarbeitet und entsprechend reflektiert: Können Daten aus dem INEK-Kalkulationshandbuch als Orientierungsgröße gewählt werden und wie ist dann das Vorgehen zu gestalten? Welche Rechenoperationen sind zu berücksichtigen, um geeignete Benchmarks zu erzielen und sind diese Daten überhaupt als Benchmarks zu werten und heranzuziehen? Eine Fülle von Fragen, die konstruktiv genutzt wurden, um ein Benchmarkingverfahren zu beschreiben. Diese Ansicht und Vorgehensweise wird nicht von allen Krankenhausfachleuten vertreten, vielmehr gibt es vielfache Kritik an diesem Verfahren und seiner Durchführung.

Diese Ausarbeitung wurde daher als anwendungsorientiertes Vorgehen in einem ausgewählten Modell- und Beispielhaus durchgeführt. Die Daten und Zahlen sind so verändert worden, dass sie in sich schlüssig sind, aber Rückschlüsse auf das Beispielhaus nicht ohne weiteres vorgenommen werden können. Der Schwerpunkt dieser Arbeit liegt in der Analyse von Abweichungen in der Kostenmatrix. Daraus können Handlungsempfehlungen abgeleitet werden, um Defizite abzustellen. Der Leser kann sich nun differenziert mit diesem Controllinginstrument auseinandersetzen, die Vor- und Nachteile abwägen und entscheiden, ob dieses Verfahren für sein Management entscheidungsrelevant ist.

Als Ergebnis dieser Untersuchung lässt sich ein Benchmarking auf Basis der InEK- Kostendaten als sinnvoll empfehlen. Dafür spricht der gewonnene und erzielte Informationsgehalt, der auch in Zukunft neben anderen Instrumenten des Controlling eine kontinuierliche Verbesserung im Krankenhaus durch Benchmarking-Analysen und -Aktivitäten erlaubt.

Die Entstehung dieses Buches ist vielen Personen zu verdanken:

Herr Julian Terbeck, M.A., stellte den Kontakt zu Frau Stefanie Brich, Programmleitung | Senior Editor, von Springer Gabler her und organisierte die Darstellung des Logos der Hochschule Osnabrück auf dem Cover. Für seine ersten Schritte und sein Engagement ist hier in besonderer Weise zu danken.

Frau Brich hat uns ermuntert und aufgefordert aus einer Controlling-Analyse eine ganze Reihe zu publizieren. So ist die Reihe „Controlling im Krankenhaus" entstanden, in dem dieser Band erscheint. Ihre Motivationskünste haben uns immer wieder beeindruckt und überzeugt.

Frau Claudia Hasenbalg von Springer Gabler hat den Erstellungsprozess begleitet und das Buch für den Druck vorbereitet. Mit ihren konstruktiv-kritischen Hinweisen war sie uns immer einen Schritt voraus.

Frau Sorina Moosdorf, Projektmanagerin bei le-tex publishing services, hat die Produktion vom Manuskript bis zu den endgültigen Druckdaten begleitet und organisiert. Sie sah, was wir nicht sehen konnten und machte Vorschläge, um das auch umsetzen zu können.

Diesem Team danke ich in besonderer Weise und hoffe auf viele gute gemeinsame Buchprojekte.

Nun wünschen wir unseren Lesern immer wieder genügend Raum für das Bedenken und Reflektieren, um konstruktiv-kritisch sich auf das hier vorgestellte Verfahren einzulassen und genügend Innovationskraft, um die Vorteile dieses Verfahrens zu gestalten. Denn nur so kann Veränderung gelingen.

Osnabrück, im Januar 2014   Winfried Zapp

Abkürzungsverzeichnis

Abb.   Abbildung
ÄD   Ärztlicher Dienst
BM   Benchmarking-Partner
bzw.   beziehungsweise
CC   Complication and Comorbidity
CT   Computertomographie
d. h.   das heißt
diagn.   diagnostisch
DRG   Diagnosis Related Groups
f.   folgende
ff.   fortfolgende
G-DRG   German Diagnosis Related Groups
gew.   gewichtet
ggf.   gegebenenfalls
GOÄ   Gebührenordnung für Ärzte
GZF   Gleichzeitigkeitsfaktor
GM   German Modification
GmbH   Gesellschaft mit beschränkter Haftung
HLM   Herz-Lungen-Maschine
ICD   International Classification of Diseases
IE   Internationale Einheit
IMC   Intermediate Care
InEK   Institut für das Entgeltsystem im Krankenhaus
K   Krankenhaus
Kap.   Kapitel
KHG   Krankenhausfinanzierungsgesetz
KST   Kostenstelle
lt.   laut
med.   medizinisch
Mrd.   Milliarden
MRT   Magnetresonanztomographie

OPS   Operationen- und Prozedurenschlüssel
o. S.   ohne Seite
PCCL   Patient Clinical Complexity Level
PD   Pflegedienst
PPR   Pflege-Personalregelung
S.   Seite
Tab.   Tabelle
tech.   technisch
therap.   therapeutisch
u.   und
u. a.   und andere
vgl.   vergleiche
VWD   Verweildauer
z. B.   zum Beispiel
ZE   Zusatzentgelt

Inhaltsverzeichnis

Abbildungsverzeichnis

Tabellenverzeichnis

Einführung 1

1.1 Problemstellung und Zielsetzung

Der deutsche Krankenhaussektor hat in den letzten Jahren aufgrund veränderter Rahmenbedingungen eine sehr dynamische Entwicklung genommen. Diese ist mit einer verschärften Finanz- und Wettbewerbssituation einhergegangen. Um die eigene Existenz dauerhaft zu sichern, müssen Krankenhäuser zunehmend darauf achten, dass die Kosten und Erlöse in einem ausgewogenen Verhältnis stehen. Somit gewinnt neben dem Sachziel, die Sicherstellung der Versorgung der Bevölkerung mit stationären Gesundheitsleistungen, das ökonomische Formalziel immer mehr an Bedeutung – nicht zuletzt durch die Aufhebung des Selbstkostendeckungsprinzips. Nur wenn das Krankenhaus nach Rentabilität und Gewinn strebt, kann es langfristig am Markt bestehen.[1]

Diese Tatsache stellt an das Controlling neue Anforderungen. Es werden moderne Controlling-Instrumente benötigt, die die Unternehmensführung in der Planung und Kontrolle unterstützen sowie entscheidungsorientierte Informationen bereitstellen.[2]

Ein wichtiges Instrument des Planungs- und Kontrollprozesses stellt das Benchmarking dar.[3] Benchmarking ermöglicht einen systematischen Vergleich zwischen gleichartigen Unternehmen.[4] Mithilfe des Einsatzes dieses Instrumentes können Unternehmen ihre Marktposition im Wettbewerbsumfeld erkennen sowie Verbesserungspotenziale identifizieren und ausschöpfen.[5] Im Krankenhausbereich ist es sinnvoll, die Kostendaten des Instituts für das Entgeltsystem im Krankenhaus (im Folgenden: InEK) als Benchmark zu verwenden. Diese eignen sich vor allem für die Krankenhäuser, die an der Kalkulation der

---

[1] Vgl. Zapp und Oswald (2009, S. 17, S. 24 f.); vgl. Schirmer (2006, Vorwort).
[2] Vgl. Zapp und Oswald (2009, S. 17); vgl. Conrad (2010, S. 133).
[3] Vgl. Zapp und Oswald (2009, S. 116).
[4] Im Rahmen der vorliegenden Arbeit werden die Begriffe „Unternehmung" und „Unternehmen" synonym verwendet.
[5] Vgl. Solidaris (2011, S. 2 Online im Internet).

S. Hesse et al., *Benchmarking im Krankenhaus*, Controlling im Krankenhaus,
DOI 10.1007/978-3-658-04134-2_1, © Springer Fachmedien Wiesbaden 2013

Fallpauschalen teilnehmen. Die InEK-Kostendaten haben eine hohe Bedeutung, da sie die Erlöse eines Krankenhauses darstellen. Somit sollte auch die Kostenverteilung eines Krankenhauses diesen Vorgaben folgen.[6]

Ziel ist es, ein Benchmarking mit den InEK-Kostendaten in der Praxis durchzuführen. Das Benchmarking erfolgt auf DRG-Ebene. Dabei wird bewusst eine DRG ausgewählt, die nicht kostendeckend ist. Die bei der Durchführung gewonnenen Erkenntnisse dienen dazu, das Benchmarking mit den InEK-Kostendaten zu bewerten. Liefert ein Benchmarking mit den InEK-Kostendaten wertvolle Informationen? Steht der Aufwand in einem angemessenen Verhältnis zum Nutzen? Inwieweit beeinflusst Benchmarking das Verhalten? Diese Fragen sollen im Rahmen dieser Arbeit beantwortet werden. Letztlich sollen dem Krankenhaus Lenkungsgrößen aufgezeigt werden, die das Krankenhaus stets überwachen und kontrollieren muss, um ein positives Ergebnis innerhalb der untersuchten DRG zu erzielen.

1.2 Aufbau und Vorgehensweise

Nach der Hinführung zum Thema im ersten Kapitel wird im zweiten Kapitel die Vorgehensweise des Benchmarking beschrieben. Der Benchmarking-Prozess wird in einem Modellkrankenhaus durchgeführt. Die erste Phase des Benchmarking-Prozesses ist die Vorbereitung. In dieser Phase werden der Gegenstand des Benchmarking und der Benchmarking-Partner ausgewählt und vorgestellt sowie die notwendigen Informationen beschafft, aufbereitet und angepasst. Der Benchmarking-Partner ist das Institut für das Entgeltsystem im Krankenhaus (InEK), das jährlich Kostendaten öffentlich zur Verfügung stellt. Der Gegenstand des Benchmarking ist die DRG G67D. In Kap. 3 wird in der zweiten Phase des Benchmarking-Prozesses die ausgewählte DRG analysiert. In Kap. 4 wird die dritte Phase, die Umsetzung, analysiert. Hier geben die Autoren Handlungsempfehlungen. Um das Benchmarking mit den InEK-Kostendaten zu bewerten, werden Vor- und Nachteile des Verfahrens dargelegt. Darüber hinaus wird eine kritische Würdigung vorgenommen. Abschließend wird im Anhang ein Ausblick zur weiteren Anwendung des Benchmarking gegeben.

---

[6] Vgl. Nüßle (2005, S. 946).

Benchmarking mit den InEK-Kostendaten als Ausgangsbasis

2.1 Vorstellung des ausgewählten Krankenhauses

Das Modellkrankenhaus verfügt über rund 320 Planbetten in sieben medizinischen Fachabteilungen: Innere Medizin (113 Betten), Allgemeinchirurgie (40 Betten), Unfallchirurgie (35 Betten), Gefäßchirurgie (30 Betten), Orthopädie (35 Betten), Neurologie (71 Betten) und Anästhesie. Jährlich werden rund 12.500 stationäre und doppelt so viele ambulante Patienten versorgt; der effektive Casemix-Index lag bei 1,035.

Heute zählt das Krankenhaus zu den größten Akutkrankenhäusern und Arbeitgebern des Kreises.

2.2 Durchführung des Benchmarking-Prozesses

Im Folgenden wird der Benchmarking-Prozess durchgeführt. Er gliedert sich in die Phasen „Vorbereitung", „Analyse der ausgewählten DRG" und „Handlungsempfehlungen für die Umsetzung".

2.2.1 Vorbereitung

Untersuchungsgegenstand der Benchmarking-Studie ist die DRG G67D der Internistischen Fachabteilung des Modellkrankenhauses. Die Klinik für Innere Medizin behandelt das Gesamtgebiet der internistischen Erkrankungen, schwerpunktmäßig jedoch Erkrankungen des Gastrointestinaltrakts (Magen-, Darm-, Leber-, Gallenwegs- und Bauchspeicheldrüsenerkrankungen), Herz- und Kreislauferkrankungen, sowie Stoffwechselerkrankungen (Diabetes mellitus, Schilddrüsenerkrankungen, Übergewicht).

S. Hesse et al., *Benchmarking im Krankenhaus*, Controlling im Krankenhaus,
DOI 10.1007/978-3-658-04134-2_2, © Springer Fachmedien Wiesbaden 2013

Die Klinik für Innere Medizin verfügt über mehr als 100 Planbetten. Im Jahr 2009[1] wurden rund 4000 stationäre Fälle behandelt. Hierfür standen im Durchschnitt 14,1 Vollkräfte des Ärztlichen Dienstes, 64,7 Vollkräfte des Pflegedienstes[2], 14,5 Vollkräfte des Funktionsdienstes und 9,0 Vollkräfte des medizinisch-technischen Dienstes zur Verfügung. Der effektive Casemix-Index lag bei 0,801.

Da die Klinik für Innere Medizin mit ihrer stationären Fallzahl über ein Drittel der Gesamtfallzahl abdeckt und somit einen bedeutenden Anteil an den Gesamterlösen einnimmt, wurde diese Fachabteilung als Untersuchungsbereich gewählt. Innerhalb der gewählten Fachabteilung wurde eine weitere Eingrenzung des Benchmarking-Gegenstandes auf eine einzelne DRG vorgenommen. Es handelt sich um die DRG G67D „Ösophagitis, Gastroenteritis und verschiedene Erkrankungen der Verdauungsorgane ohne komplexe oder komplizierte Diagnose/Dialyse/komplexe Eingriffe, Alter > 2 Jahre, ohne äußerst schwere CC oder gastrointestinale Blutung oder Ulkuserkrankung, ohne äußerst schwere oder schwere CC, Alter < 75 Jahre, außer bei Para-/Tetraplegie."[3] Diese DRG wurde mit 430 Fällen[4] am häufigsten innerhalb der Internistischen Fachabteilung erbracht. Die DRG hat eine Bewertungsrelation von 0,434 und eine mittlere Verweildauer von 3,7 Tagen.[5]

Da eine DRG das Produkt eines Krankenhauses darstellt[6], kann hier von einem Produktbenchmarking gesprochen werden. Die Zielgröße, die durch das Benchmarking beeinflusst werden soll, sind die Kosten. Das Ziel ist es, finanzielle Defizite der genannten DRG zu beseitigen und den gewählten Vergleichspartner zu übertreffen.[7]

2.2.2 Auswahl des Benchmarking-Partners

Als Benchmarking-Partner wurde das Institut für das Entgeltsystem im Krankenhaus gewählt. Im Folgenden wird das Institut und die Kalkulationsmethodik der Relativgewichte vorgestellt. Darauf folgt die Begründung für die Wahl des InEK als geeigneten Benchmarking-Partner.

2.2.2.1 Vorstellung des InEK

Das InEK wurde im Mai 2001 von den Spitzenverbänden der Krankenkassen, dem Verband der Privaten Krankenversicherung und der Deutschen Krankenhausgesellschaft gegründet. Die hauptsächliche Aufgabe des Instituts liegt in der Unterstützung der Vertragspartner der Selbstverwaltung und deren Gremien bei der gesetzlich vorgeschriebenen

---

[1] Da die Benchmarking-Studie auf den Daten 2009 basiert (Systemjahr 2011, Datenjahr 2009), wird auch die Klinik für Innere Medizin mit den Fakten und Daten aus dem Jahr 2009 vorgestellt.
[2] Von 64,7 Vollkräften waren 16,7 Vollkräfte auf der Intensivstation tätig.
[3] Vgl. Fallpauschalen-Katalog (2011, S. 33 Online im Internet).
[4] Die Fallzahl umfasst Normal-, Lang- und Kurzlieger sowie Fälle, die im Jahr 2009 entlassen wurden.
[5] Vgl. Fallpauschalen-Katalog (2011, S. 33 Online im Internet).
[6] Vgl. Doege und Martini (2008, S. 36).
[7] Vgl. Zapp und Oswald (2009, S. 219).

Einführung und kontinuierlichen Weiterentwicklung des deutschen DRG-Systems zur Abrechnung von stationären Krankenhausleistungen auf der Grundlage des § 17b KHG. Dabei unterscheiden sich die Aufgaben in zwei Arbeitsfelder. Das Arbeitsfeld „Medizin" beinhaltet die Fallgruppenpflege[8], die Weiterentwicklung von Kodierrichtlinien, die Zusammenarbeit mit Institutionen, Gremien und Organisationen sowie die Unterstützung anderer Staaten bei der Entwicklung, Einführung und Pflege pauschalierender Entgeltsysteme. Das Arbeitsfeld „Ökonomie" umfasst neben der Kalkulation der Relativgewichte und der Zu- und Abschläge die Einführung und Weiterentwicklung des Entgeltsystems für psychiatrische und psychosomatische Einrichtungen sowie die Kalkulation von Investitionsbewertungsrelationen für leistungsorientierte Investitionspauschalen.[9]

2.2.2.2 Vorgehensweise für die Kalkulation von DRGs

Die jährliche Kalkulation der Relativgewichte der DRGs wird auf der Basis von Daten sogenannter Kalkulationskrankenhäuser vorgenommen.[10] Im Jahr 2010 haben 263 Krankenhäuser an der Kalkulation teilgenommen.[11] Die Kalkulation dieser Kosten erfolgt auf Grundlage des vom InEK veröffentlichten Kalkulationshandbuchs.[12] Dort wird die Methodik zur Kalkulation der Kosten eines stationären Patienten im Krankenhaus umfassend, verständlich und anwendungsorientiert beschrieben. Somit ist das Kalkulationshandbuch die methodische Grundlage für die Ermittlung von fallbezogenen Behandlungskosten im Krankenhaus und ist für die teilnehmenden Krankenhäuser eine verbindlich umzusetzende Vorgabe. Mithilfe der auf dieser Weise erzielten Kalkulationsergebnisse erfolgt die Pflege und Weiterentwicklung des DRG-Systems.[13]

Die Ermittlung der fallbezogenen Behandlungskosten unterteilt sich in mehrere Kalkulationsschritte, die in Abb. 2.1 im Überblick dargestellt sind.

Zunächst sind jedoch einige methodische Grundsätze zu beachten. So wird bei der Kostenzurechnung auf den Kostenträger „stationärer Behandlungsfall" als kalkulatorischer Ansatz ein Vollkostenansatz auf Istkostenbasis zugrunde gelegt.[14] Das bedeutet, dass alle Behandlungsfälle, Leistungen und Kosten des Krankenhauses, die rechtlichen Bestimmungen zufolge zu dem Vergütungsrahmen des G-DRG-Systems gehören, berücksichtigt werden. Der Bezugszeitraum der Kalkulation ist ein abgeschlossenes Kalenderjahr.[15] Die Datengrundlage für die Kalkulation bilden sowohl fallbezogene Daten als auch Kostendaten und Verrechnungsschlüssel.[16]

---

[8] Die Fallgruppenpflege beinhaltet die Definition der DRG-Fallgruppen, die Pflege der Basis-Fallgruppen und die Pflege des Schweregrad-Systems.

[9] Vgl. InEK (2011a, o. S. Online im Internet).

[10] Vgl. Keun und Prott (2008, S. 234).

[11] Vgl. InEK (2010, S. 1).

[12] Vgl. Papenhoff und Schmitz (2009, S. 91 f.); vgl. Keun und Prott (2008, S. 234).

[13] Vgl. Kalkulationshandbuch (2007, S. 2).

[14] Vgl. Kalkulationshandbuch (2007, S. 5).

[15] Vgl. Kalkulationshandbuch (2007, S. 2).

[16] Vgl. Kalkulationshandbuch (2007, S. 5).

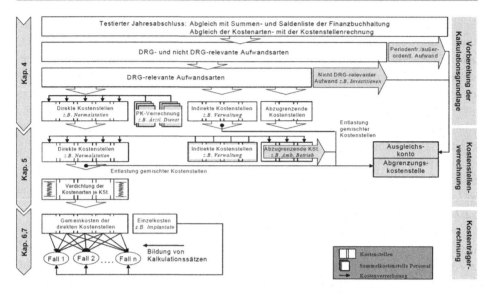

Abb. 2.1 Übersicht der Kalkulationsschritte zur Ermittlung der Fallkosten (Kalkulationshandbuch 2007, S. 221)

Ausgangspunkt der Kalkulation bildet die Summen- und Saldenliste der Finanzbuchhaltung, die der Erstellung des testierten Jahresabschlusses zugrunde gelegt wurde. Die Aufwandsarten werden in der Kostenstellenrechnung je nach Kostenstelle ausgewiesen. Sowohl in der Kostenarten- als auch in der Kostenstellenrechnung werden die Gesamtkosten des Krankenhauses um nicht DRG-relevante Kostenbestandteile bereinigt.[17]

Das Kalkulationsschema differenziert zwischen direkten Kostenstellen, die Leistungen unmittelbar am Patienten erbringen, und indirekten Kostenstellen, die ihre Leistungen ohne Patientenbezug an direkte Kostenstellen abgeben. Im Rahmen der innerbetrieblichen Leistungsverrechnung werden die Kosten der indirekten auf die direkten Kostenstellen verteilt. Hierzu gibt das Kalkulationshandbuch anzuwendende Verrechnungsschlüssel mit eventuellen Alternativen vor.[18]

In der Kostenträgerrechnung erfolgt nun die Zuordnung der Kosten der direkten Kostenstellen auf die einzelnen Behandlungsfälle. Hier wird eine Differenzierung zwischen Einzel- und Gemeinkosten vorgenommen. Während die Einzelkosten für teure Sachgüter dem einzelnen Kostenträger anhand der fallbezogenen Dokumentation direkt zugerechnet werden, erfolgt die Gemeinkostenzurechnung über verschiedene Bezugsgrößen.[19]

Nachdem die Kostzurechnung auf den Kostenträger erfolgt ist, ergeben sich die Behandlungskosten je Fall. Dieses Kalkulationsergebnis wird in einer einheitlichen modularen Struktur zusammengefasst. Somit ergibt sich pro DRG eine Kostenmatrix, bei der sich

---

[17] Vgl. Kalkulationshandbuch (2007, S. 2).

[18] Vgl. Kalkulationshandbuch (2007, S. 2).

[19] Vgl. Kalkulationshandbuch (2007, S. 2).

Anlage 5		Personal-kosten ärztlicher Dienst 1	Personal-kosten Pflegedienst 2	Personal-kosten med. techn. Dienst/Funktions-dienst 3	Sachkosten Arzneimittel 4a	4b	Sachkosten Implantate/Transplantate 5¹	Sachkosten übriger medizinischer Bedarf 6a	6b	Personal- und Sachkosten med. Infrastruktur 7	Personal- und Sachkosten nicht med. Infrastruktur 8
Normalstation	1	Pflegetage	PPR-Minuten²	Pflegetage	PPR-Minuten²	Ist-Verbrauch Einzelkosten-zuordnung	nicht relevant	PPR-Minuten²	Ist-Verbrauch Einzelkosten-zuordnung	Pflegetage	Pflegetage
Intensivstation	2	Gewichtete Intensivstunden	Gewichtete Intensivstunden	Gewichtete Intensivstunden	Gewichtete Intensivstunden	Ist-Verbrauch Einzelkosten-zuordnung	Ist-Verbrauch Einzelkosten-zuordnung³	Gewichtete Intensivstunden	Ist-Verbrauch Einzelkosten-zuordnung	Intensivstunden	Intensivstunden
Dialyse-abteilung	3	Gewichtete Dialysen⁴	Gewichtete Dialysen⁴	Gewichtete Intensivstunden	Gewichtete Dialysen⁴	Ist-Verbrauch Einzelkosten-zuordnung	nicht relevant	Gewichtete Dialysen⁴	Ist-Verbrauch Einzelkosten-zuordnung	Gewichtete Dialysen⁴	Gewichtete Dialysen⁴
OP-Bereich	4	Schnitt-Naht-Zeit mit GZF und Rüstzeit⁶	nicht relevant	Schnitt-Naht-Zeit/HLM-Zeit mit GZF⁶ und Rüstzeit⁶	Schnitt-Naht-Zeit mit Rüstzeit⁶	Ist-Verbrauch Einzelkosten-zuordnung	Ist-Verbrauch Einzelkosten-zuordnung	Schnitt-Naht-Zeit mit Rüstzeit⁶	Ist-Verbrauch Einzelkosten-zuordnung	Schnitt-Naht-Zeit mit Rüstzeit⁶	Schnitt-Naht-Zeit mit Rüstzeit⁶
Anästhesie	5	Anästhesio-logiezeit⁷ und GZF⁸	nicht relevant	Anästhesio-logiezeit⁷	Anästhesio-logiezeit⁷	Ist-Verbrauch Einzelkosten-zuordnung	nicht relevant	Anästhesio-logiezeit⁷	Ist-Verbrauch Einzelkosten-zuordnung	Anästhesio-logiezeit⁷	Anästhesio-logiezeit⁷
Kreißsaal	6	Aufenthaltszeit Patientin im Kreißsaal	nicht relevant	Aufenthaltszeit Patientin im Kreißsaal	Aufenthaltszeit Patientin im Kreißsaal	Ist-Verbrauch Einzelkosten-zuordnung	nicht relevant	Aufenthaltszeit Patientin im Kreißsaal	Ist-Verbrauch Einzelkosten-zuordnung	Aufenthaltszeit Patientin im Kreißsaal	Aufenthaltszeit Patientin im Kreißsaal
Kardiologische Diagnostik/Therapie	7	1. Eingriffszeit 2. Punkte lt. Leistungs-katalog	nicht relevant	1. Eingriffszeit 2. Punkte lt. Leistungs-katalog	1. Eingriffszeit 2. Punkte lt. Leistungs-katalog	Ist-Verbrauch Einzelkosten-zuordnung	Ist-Verbrauch Einzelkosten-zuordnung	1. Eingriffszeit 2. Punkte lt. Leistungs-katalog	Ist-Verbrauch Einzelkosten-zuordnung	1. Eingriffszeit 2. Punkte lt. Leistungs-katalog	1. Eingriffszeit 2. Punkte lt. Leistungs-katalog
Endoskopische Diagnostik/Therapie	8	1. Eingriffszeit 2. Punkte lt. Leistungs-katalog	nicht relevant	1. Eingriffszeit 2. Punkte lt. Leistungs-katalog	1. Eingriffszeit 2. Punkte lt. Leistungs-katalog	Ist-Verbrauch Einzelkosten-zuordnung	Ist-Verbrauch Einzelkosten-zuordnung	1. Eingriffszeit 2. Punkte lt. Leistungs-katalog	Ist-Verbrauch Einzelkosten-zuordnung	1. Eingriffszeit 2. Punkte lt. Leistungs-katalog	1. Eingriffszeit 2. Punkte lt. Leistungs-katalog
Radiologie	9	Punkte lt. Leistungs-katalog	nicht relevant	Punkte lt. Leistungs-katalog	Punkte lt. Leistungs-katalog	Ist-Verbrauch Einzelkosten-zuordnung	Ist-Verbrauch Einzelkosten-zuordnung	Punkte lt. Leistungs-katalog	Ist-Verbrauch Einzelkosten-zuordnung	Punkte lt. Leistungs-katalog	Punkte lt. Leistungs-katalog
Laboratorien	10	Punkte lt. Leistungs-katalog	nicht relevant	Punkte lt. Leistungs-katalog	Punkte lt. Leistungs-katalog	Ist-Verbrauch Einzelkosten-zuordnung	Ist-Verbrauch Einzelkosten-zuordnung⁹	Punkte lt. Leistungs-katalog	Ist-Verbrauch Einzelkosten-zuordnung	Punkte lt. Leistungs-katalog	Punkte lt. Leistungs-katalog
Übrige diagnost. und therapeut. Bereiche	11	1. Eingriffszeit 2. Punkte lt. Leistungs-katalog	1. Eingriffszeit 2. Punkte lt. Leistungs-katalog	1. Eingriffszeit 2. Punkte lt. Leistungs-katalog	1. Eingriffszeit 2. Punkte lt. Leistungs-katalog	Ist-Verbrauch Einzelkosten-zuordnung	Ist-Verbrauch Einzelkosten-zuordnung	1. Eingriffszeit 2. Punkte lt. Leistungs-katalog	Ist-Verbrauch Einzelkosten-zuordnung	1. Eingriffszeit 2. Punkte lt. Leistungs-katalog	1. Eingriffszeit 2. Punkte lt. Leistungs-katalog

1) Bewertung der Einzelkosten über Anschaffungspreise bzw. Durchschnittspreise
2) Neben der PPR sind ähnliche sachgerechte Systeme zugelassen
3) In Einzelfällen relevant
4) Gewichtete Dialysen nach Dialysearten
5) Hausindividuelle Standards der Rüstzeiten können gebildet werden
6) In der Regel GZF 2 (bei HLM GZF 1)
7) Anästhesiologiezeit: Übernahme/Übergabe des Patienten, d.h. unter Einbezug eventueller Rüstzeiten
8) GZF ist standardisiert 1,0; in medizinisch begründeten Ausnahmefällen auch höher
9) Nur für Transplantatkosten bei Knochenmarktransplantation/Stammzelltransfusion

Abb. 2.2 Kostenmatrix (Kalkulationshandbuch 2007, S. 239)

die einzelnen Kostenmodule sowohl durch eine Kostenarten- als auch eine Kostenstellen-gruppe definieren lassen. Dabei sind in der Vertikalen die Kostenstellen aufgeführt und in der Horizontalen die Kostenarten abgebildet.[20] Die Kostenarten umfassen Personal-, Sach- und Infrastrukturkosten, wobei im Sachkostenbereich nach Einzel- und Gemeinkos-ten unterschieden wird. Die Kostenstellen bilden die Leistungsbereiche des Krankenhauses in Gruppen ab.[21] In Abb. 2.2 sind die Kostenmatrix und die für die Kostenträgerrechnung benötigten Bezugsgrößen dargestellt.

---

[20] Vgl. Papenhoff und Schmitz (2009, S. 92); vgl. Kalkulationshandbuch (2007, S. 3).
[21] Vgl. Kalkulationshandbuch (2007, S. 6).

Die an der Kalkulation teilnehmenden Krankenhäuser stellen ihre Daten gemäß der modularen Gliederung bereit.[22] Zunächst versenden die Krankenhäuser den festgeschriebenen Datensatz an die DRG-Datenstelle. Von dort aus werden die gesammelten Daten an das InEK weitergeleitet.[23] Neben der Bereitstellung der Behandlungskosten je Fall werden die Krankenhäuser verpflichtet, ergänzende fallbezogene Daten und Informationen zur Kalkulationsgrundlage dem InEK zu übermitteln.[24] Die übermittelten Daten werden dann zunächst von der Datenstelle technisch und schließlich vom InEK inhaltlich hinsichtlich ökonomischer, medizinischer und medizinisch-ökonomischer Plausibilität und Konformität geprüft.[25] Danach erfolgt die Datenaufbereitung. Diese beinhaltet verschiedene Bereinigungen und Korrekturen mit dem Ziel, verzerrende Einflüsse aus ungleichen Voraussetzungen der Krankenhäuser auszugleichen und einen einheitlichen Periodenbezug herzustellen. Es wird eine Fallzusammenführung[26], sowie eine Bereinigung bei fehlender DRG-Relevanz[27], eine Herkunftskorrektur[28], eine Überliegerbereinigung[29] und eine Korrektur von Zusatzentgelten[30] vorgenommen.[31]

Jedes Jahr werden diese Daten in aggregierter Form veröffentlicht. Die Daten der zur Verfügung gestellten Kostenmatrix sind das arithmetische Mittel der Fallkosten der Normallieger aller teilnehmenden Kalkulationskrankenhäuser. Sie bilden die zentrale Grundlage für die Festlegung der Bewertungsrelationen.[32]

---

[22] Vgl. Kalkulationshandbuch (2007, S. 6).

[23] Vgl. Papenhoff und Schmitz (2009, S. 92).

[24] Vgl. Kalkulationshandbuch (2007, S. 6).

[25] Vgl. InEK (2010, S. 3 f.).

[26] Unter bestimmten Bedingungen wird eine Zusammenführung mehrerer Aufenthalte eines Patienten in einem Krankenhaus zu einem gemeinsamen Aufenthalt vorgenommen, vgl. hierzu InEK (2010, S. 4).

[27] Fälle, die Leistungen der in der Psychiatrie-Personalverordnung aufgeführten Einrichtungen und der Einrichtungen für Psychosomatik und psychotherapeutische Medizin erhalten haben, werden in eine separate Datenhaltung überführt, vgl. hierzu InEK (2010, S. 4).

[28] Aufgrund von unterschiedlichen Tarifstrukturen zwischen den neuen und alten Bundesländern ergeben sich auch unterschiedliche Personalkosten. Die Datensätze werden mithilfe eines Korrekturfaktors angeglichen, vgl. hierzu InEK (2010, S. 4).

[29] Überlieger sind Behandlungsfälle, die vor dem 01.01.2009 aufgenommen wurden, aber erst 2009 entlassen wurden. Diese werden nur berücksichtigt, wenn das Kalkulationskrankenhaus eine Erklärung über die Vollständigkeit des auf das Vorjahr entfallenden Kostenanteils im Datensatz abgegeben hat, vgl. hierzu InEK (2010, S. 4).

[30] Es werden für bestimmte Leistungen Zusatzentgelte berücksichtigt, die das Krankenhaus ergänzend zu den Fallpauschalen abrechnen kann. Diese werden jedoch nicht berücksichtigt. Somit werden die Falldaten mit entsprechenden Leistungen um die darauf entfallenden Kostenanteile korrigiert, vgl. hierzu InEK (2010, S. 5).

[31] Vgl. InEK (2010, S. 4 f.).

[32] Vgl. InEK (2010, S. 5).

Zusätzlich werden der Öffentlichkeit standardisierte medizinische Leistungs- und Strukturdaten der Krankenhäuser, die unter das Krankenhausentgeltgesetz fallen, unter dem Begriff „Begleitforschung" zur Verfügung gestellt.[33]

2.2.2.3 Bedeutung des InEK als Benchmarking-Partner

Ein Benchmarking mit dem InEK als Vergleichspartner kann dem externen branchenbezogenen Benchmarking zugeordnet werden. Dies liegt darin begründet, dass die InEK-Kostendaten auf den Daten mehrerer externer Unternehmen, die in der gleichen Branche tätig sind, basieren.

Die Auswahl des InEK als geeigneten Benchmarking-Partner erweist sich aus mehreren Gründen als vorteilhaft. Die Schwierigkeit im Krankenhaussektor besteht aufgrund des steigenden Wettbewerbsdruck darin, einen offenen Daten- und Wissensaustausch mit anderen Krankenhäusern vorzunehmen.[34] Hingegen ist die Kostenmatrix, die die Vergleichsdaten liefert, öffentlich verfügbar. Zudem weisen die Daten eine hohe Aktualität auf.[35]

Die Vergleichsdaten spiegeln, wie bereits erwähnt, die durchschnittlichen Kosten aller Kalkulationskrankenhäuser für eine DRG wider. Dieser Durchschnittswert weist mit steigender Anzahl von teilnehmenden Krankenhäusern eine zunehmende Genauigkeit hinsichtlich des tatsächlichen Ressourcenverbrauchs auf.[36] Aufgrund der Problematik der Informationsbeschaffung und der Ermittlung des „Besten" stellt dieser Durchschnittswert somit einen mit höherer Aussagekraft verbundenen Vergleichswert dar als der Vergleich mit einem anderen Krankenhaus.

Ein weiteres wichtiges Argument für die Auswahl des InEK als geeigneten Benchmarking-Partner ist die Tatsache, dass die Daten der Kalkulationskrankenhäuser die Basis für die Kalkulation der DRGs darstellen. Das bedeutet, dass diese Daten der Vergütung für die stationäre Krankenhausversorgung entsprechen. Somit ist der Vergleich mit diesen Daten vor allem vor dem Hintergrund der wirtschaftlichen Leistungserstellung sinnvoll, da der Vergleich Bereiche aufdeckt, in denen nicht kostendeckend gearbeitet wird. Zudem bietet diese Kalkulation gerade in Bezug auf die Aussagekraft dieses Vergleichs eine überzeugende Motivationsgrundlage im Hinblick auf mögliche Veränderungen bei den Mitarbeitern.[37]

---

[33] Vgl. Papenhoff und Schmitz (2009, S. 91).

[34] Vgl. Wrobel et al. (2011, S. 15).

[35] Vgl. Papenhoff und Schmitz (2009, S. 92).

[36] Zu Anfang nahmen 125 Krankenhäuser teil, aktuell nehmen 332 Krankenhäuser an der Kalkulation teil, vgl. dazu InEK (2002, S. 8); vgl. InEK (2011c, S. 1).

[37] Vgl. Papenhoff und Schmitz (2009, S. 92).

2.2.3 Informationsbeschaffung, -aufbereitung und -anpassung

In dieser Phase werden die Daten zur DRG G67D der eigenen Organisation und die des Vergleichspartners beschafft, aufbereitet und entsprechend angepasst, um eine Vergleichbarkeit herzustellen.

2.2.3.1 Beschaffung und Aufbereitung der Informationen des Modellkrankenhauses

Das Modellkrankenhaus ist seit dem Jahr 2004[38] ein Kalkulationskrankenhaus. Die Ist-Kosten der DRG G67D des Modellkrankenhauses sind in Tab. 2.1 dargestellt.[39] Die durchschnittlichen Ist-Kosten pro Fall sind in Tab. 2.2 abgebildet. Dabei handelt es sich um die Datengrundlage 2009. Im Jahr 2009 lag der krankenhausindividuelle Basisfallwert des Modellkrankenhauses bei 2847,52 €. Insgesamt fließen 324 Fälle in die dargestellte Kostenmatrix ein. Hierbei handelt es sich um stationäre Fälle, die im Jahr 2009 aufgenommen und entlassen sowie innerhalb der unteren und oberen Grenzverweildauer (Normallieger) behandelt wurden. Die mittlere Verweildauer der Normallieger beträgt 4,4 Tage.

Der durchschnittliche PCCL[40] der Normallieger liegt bei 0,9. Die einzelnen PCCLs verteilen sich wie in Tab. 2.3 dargestellt.

Es wurden 209 Frauen (64,5 %) und 115 Männer (35,5 %) behandelt.

Das Durchschnittsalter der Patienten liegt bei 62,4 Jahren. Entsprechend der Alterskategorien des InEK ergibt sich die Häufigkeitsverteilung (siehe Tab. 2.4).

Die Tab. 2.5 und 2.6 zeigen die Haupt- und Nebendiagnosen der Patienten mit der DRG G67D.

Die am häufigsten durchgeführten Operationen und Prozeduren sind in Tab. 2.7 abgebildet.

---

[38] Systemjahr 2005 bzw. Datenjahr 2003.

[39] Bei der Darstellung soll der Beispielcharakter besonders hervorgehoben werden, indem das hier dargestellte Krankenhaus als Modellklinik zu betrachten ist. Es handelt sich bei den Daten um realistische Zahlen, diese sind aber gerundet und entsprechen nicht unbedingt den realen Verhältnissen. Sie dienen der Demonstration der Vorgehensweise; insoweit ist das Datenmaterial in sich schlüssig. Rückschlüsse auf das hier behandelte Krankenhaus sind aber nicht möglich.

[40] Der PCCL stellt den kumulierten Schweregrad der Nebendiagnosen dar. Hierdurch werden Komplexitäten (Mehrfacherkrankungen) und Komorbiditäten (Begleiterkrankungen) in fünf Schweregradgruppen abgebildet, vgl. Schmidt-Rettig (2008, S. 410).

Tab. 2.1 Ist-Kosten der DRG G67D des Modellkrankenhauses

Kostenart / Kostenstelle		Personalkosten Ärztlicher Dienst	Personalkosten Pflegedienst	Personalkosten med. tech. Dienst/ Funktionsdienst	Sachkosten Arzneimittel	Sachkosten Arzneimittel Einzelkosten	Sachkosten Implantate/ Transplantate	Sachkosten übriger med. Bedarf	Sachkosten übriger med. Bedarf Einzelkosten	Personal- und Sachkosten med. Infrastruktur	Personal- und Sachkosten nicht med. Infrastruktur	Gesamt
		1	2	3	4	b	5	6	a	6b	7	8
Normalstation	1	41.000	108.000	5.000	9.000	0	0	6.000	1.000	16.000	112.000	298.000
Intensivstation	2	3.000	13.000	0	0	1.000	0	1.000	0	1.000	4.000	23.000
OP-Bereich	4	0	0	0	0	0	0	0	1.000	0	0	1.000
Anästhesie	5	0	0	0	0	0	0	0	0	0	0	0
Kreißsaal	6	0	0	0	0	0	0	0	0	0	0	0
Kardiolog. Diagn./ Therapie	7	0	0	0	0	0	0	0	0	0	0	0
Endoskop. Diagn./ Therapie	8	21.000	0	15.000	0	0	0	9.000	0	9.000	7.000	61.000
Radiologie	9	2.000	0	5.000	0	0	0	1.000	6.000	1.000	2.000	17.000
Laboratorien	10	0	0	0	2.000	0	0	0	25.000	0	0	27.000
Übrige diagn./ therap. Bereiche	11	0	0	5.000	0	0	0	1.000	0	0	2.000	8.000
Gesamt		67.000	121.000	30.000	9.000	3.000	0	18.000	33.000	27.000	127.000	435.000

Angaben in €

Tab. 2.2 Durchschnittliche Ist-Kosten der DRG G67D des Modellkrankenhauses

Kostenart / Kostenstelle		Personalkosten Ärztlicher Dienst	Personalkosten Pflegedienst	Personalkosten med. tech. Dienst/ Funktionsdienst	Sachkosten Arzneimittel	Sachkosten Arzneimittel Einzelkosten	Sachkosten Implantate/ Transplantate	Sachkosten übriger med. Bedarf	Sachkosten übriger med. Bedarf Einzelkosten	Personal- und Sachkosten med. Infrastruktur	Personal- und Sachkosten nicht med. Infrastruktur	Gesamt
		1	2	3	4a	4b	5	6a	6b	7	8	
Normalstation	1	126,5	333,3	15,4	27,8	0,0	0,0	18,5	3,1	49,4	345,7	919,8
Intensivstation	2	9,3	40,1	0,0	0,0	3,1	0,0	3,1	0,0	3,1	12,3	71,0
OP-Bereich	4	0,0	0,0	0,0	0,0	0,0	0,0	0,0	3,1	0,0	0,0	3,1
Anästhesie	5	0,0	0,0	0,0	0,0	0,0	0,0	0,0	0,0	0,0	0,0	0,0
Kreißsaal	6	0,0	0,0	0,0	0,0	0,0	0,0	0,0	0,0	0,0	0,0	0,0
Kardiolog. Diagn./ Therapie	7	0,0	0,0	0,0	0,0	0,0	0,0	0,0	0,0	0,0	0,0	0,0
Endoskop. Diagn./ Therapie	8	64,8	0,0	46,3	0,0	0,0	0,0	27,8	0,0	27,8	21,6	188,3
Radiologie	9	6,2	0,0	15,4	0,0	0,0	0,0	3,1	18,5	3,1	6,2	52,5
Laboratorien	10	0,0	0,0	0,0	0,0	6,2	0,0	0,0	77,2	0,0	0,0	83,3
Übrige diagn./ therap. Bereiche	11	0,0	0,0	15,4	0,0	0,0	0,0	3,1	0,0	0,0	6,2	24,7
Gesamt		206,8	373,5	92,6	27,8	9,3	0,0	55,6	101,9	83,3	392,0	1.342,6

Angaben in €

Tab. 2.3 PCCL-Verteilung der DRG G67D des Modellkrankenhauses

PCCL	Anzahl der Fälle	Anteil an Gesamtfallzahl
0	196	60,5%
1	2	0,6%
2	76	23,5%
3	50	15,4%
4	0	0,0%
Summe	324	100,0%

Tab. 2.4 Altersverteilung der DRG G67D des Modellkrankenhauses

Alter	Anzahl der Fälle	Anteil an Gesamtfallzahl
< 28 Tage	0	0,0%
28 Tage - < 1 Jahr	0	0,0%
1-2 Jahre	0	0,0%
3-5 Jahre	0	0,0%
6-9 Jahre	0	0,0%
10-15 Jahre	1	0,3%
16-17 Jahre	1	0,3%
18-29 Jahre	33	10,2%
30-39 Jahre	21	6,5%
40-49 Jahre	31	9,6%
50-54 Jahre	22	6,8%
55-59 Jahre	15	4,6%
60-64 Jahre	18	5,6%
65-74 Jahre	83	25,6%
75-79 Jahre	27	8,3%
80 Jahre und älter	72	22,2%
Summe	324	100,0%

2.2.3.1.1 Beschaffung, Aufbereitung und Anpassung der Informationen des InEK

Die Daten des ausgewählten Vergleichspartners werden in einem DRG-Report-Browser auf der Homepage des InEK zur Verfügung gestellt.[41] Wie bereits in Abschn. 2.2.2.2 beschrieben, handelt es sich um Durchschnittskosten, die als Grundlage für die Festlegung der Bewertungsrelationen und damit der Fallpauschalen dienen. Die InEK-Kostenmatrix bezieht sich auf Normallieger.[42]

Wie aus den Daten des DRG-Report-Browser (Abb. 2.3) ersichtlich wird, sind mit der Erbringung der DRG G67D durchschnittliche Soll-Kosten in Höhe von 1150 € verbunden.[43] In die Kalkulation fließen 43.806 Fälle (Normallieger) ein. Dieses entspricht einem

---

[41] Vgl. InEK (2011b, o. S. Online im Internet).

[42] Vgl. InEK (2010, S. 5 Online im Internet); vgl. auch Abschn. 2.2.2.2.

[43] Vgl. InEK (2011b, o. S. Online im Internet).

Tab. 2.5　Top-20-Hauptdiagnosen der DRG G67D des Modellkrankenhauses

Hauptdiagnose		Anzahl der Fälle	Anteil an Gesamtfallzahl
Code nach ICD-10-GM	Bezeichnung		
A09	Diarrhoe und Gastroenteritis, vermutlich infektiösen Ursprungs	77	23,77%
K29.1	Sonstige akute Gastritis	65	20,06%
K52.9	Nichtinfektiöse Gastroenteritis und Kolitis, nicht näher bezeichnet	34	10,49%
K21.0	Gastroösophageale Refluxkrankheit mit Ösophagitis	30	9,26%
K29.5	Chronische Gastritis, nicht näher bezeichnet	17	5,25%
K29.3	Chronische Oberflächengastritis	14	4,32%
K59.0	Obstipation	13	4,01%
K92.2	Gastrointestinale Blutung, nicht näher bezeichnet	12	3,70%
K29.6	Sonstige Gastritis	6	1,85%
R13.9	Sonstige und nicht näher bezeichnete Dysphagie	6	1,85%
K26.3	Ulcus duodeni: Akut, ohne Blutung oder Perforation	5	1,54%
K52.8	Sonstige näher bezeichnete nichtinfektiöse Gastroenteritis und Kolitis	5	1,54%
K25.3	Ulcus ventriculi: Akut, ohne Blutung oder Perforation	4	1,23%
K22.7	Barrett-Ösophagus	3	0,93%
K26.9	Ulcus duodeni: Weder als akut noch als chronisch bezeichnet, ohne Blutung oder Perforation	3	0,93%
K29.0	Akute hämorrhagische Gastritis	3	0,93%
K29.7	Gastritis, nicht näher bezeichnet	3	0,93%
K57.31	Divertikulose des Dickdarmes ohne Perforation oder Abszess, mit Blutung	3	0,93%
R11	Übelkeit und Erbrechen	3	0,93%
K29.4	Chronische atrophische Gastritis	2	0,62%

Anteil von 68,78 % an der Gesamtfallzahl. 23,43 % der Gesamtfälle sind hingegen Kurzlieger, 7,80 % Langlieger. Die mittlere Verweildauer der Normallieger liegt bei 3,7 Tagen.[44]

Des Weiteren stellt das InEK Informationen über den patientenbezogenen Gesamtschweregrad (PCCL) sowie das Geschlecht und das Alter der Patienten zur Verfügung (siehe Abb. 2.3). Zudem weist das InEK die 20 häufigsten Haupt- und Nebendiagnosen sowie Prozeduren in absteigender Reihenfolge nach Anzahl der Fälle aus (sieeh Abb. 2.3).

Die in Abb. 2.3 ausgewiesenen Kosten in Höhe von 1150 € entsprechen dem Erlös, den ein Krankenhaus mit einem Basisfallwert von 2651,10 €[45] (Bezugsgröße des InEK 2009) für die Erbringung der DRG G67D erzielen würde.[46] Da der Basisfallwert des Modellkrankenhauses im Jahr 2009 bei 2847,52 € lag, müssen die Soll-Kosten angepasst werden.[47] Die

---

[44] Vgl. InEK (2011b, o. S. Online im Internet).

[45] Der Basisfallwert errechnet sich, indem die Soll-Kosten in Höhe von 1150 € durch die Bewertungsrelation von 0,434 dividiert werden.

[46] Vgl. InEK (2010, S. 37).

[47] Vgl. Püllen et al. (2005, S. 54).

Tab. 2.6 Top-20-Nebendiagnosen der DRG G67D des Modellkrankenhauses

Nebendiagnose		Anzahl der Fälle	Anteil an Gesamtfallzahl
Code nach ICD-10-GM	Bezeichnung		
I10.00	Benigne essentielle Hypertonie: Ohne Angabe einer hypertensiven Krise	89	27,47%
E86	Volumenmangel	87	26,85%
Z29.0	Isolierung als prophylaktische Maßnahme	74	22,84%
E87.6	Hypokaliämie	57	17,59%
E11.90	Nicht primär insulinabhängiger Diabetes mellitus [Typ-2-Diabetes]: Ohne Komplikationen: Nicht als entgleist bezeichnet	37	11,42%
E03.8	Sonstige näher bezeichnete Hypothyreose	34	10,49%
E78.2	Gemischte Hyperlipidämie	26	8,02%
B96.81	Helicobacter pylori [H. pylori] als Ursache von Krankheiten, die in anderen Kapiteln klassifiziert sind	21	6,48%
R32	Nicht näher bezeichnete Harninkontinenz	18	5,56%
F03	Nicht näher bezeichnete Demenz	17	5,25%
K29.1	Sonstige akute Gastritis	17	5,25%
R11	Übelkeit und Erbrechen	15	4,63%
K21.0	Gastroösophageale Refluxkrankheit mit Ösophagitis	13	4,01%
K57.30	Divertikulose des Dickdarmes ohne Perforation, Abszess oder Angabe einer Blutung	13	4,01%
R15	Stuhlinkontinenz	12	3,70%
I50.12	Linksherzinsuffizienz: Mit Beschwerden bei stärkerer Belastung	11	3,40%
K29.5	Chronische Gastritis, nicht näher bezeichnet	10	3,09%
E87.1	Hypoosmolalität und Hyponatriämie	9	2,78%
I48.11	Vorhofflimmern: Chronisch	9	2,78%
K29.3	Chronische Oberflächengastritis	9	2,78%

an den Basisfallwert angepassten Soll-Kosten sowie die durchschnittlichen Soll-Kosten pro Fall sind in Tab. 2.8 und 2.9 dargestellt.

Neben der Anpassung des Basisfallwertes müssen weitere Bereinigungen der Soll-Kosten vorgenommen werden, um die Daten vergleichbar zu machen. Das InEK nimmt – wie in Abschn. 2.2.2.2 beschrieben – Korrekturen der Kostenanteile vor, die auf Leistungen mit Zusatzentgelten entfallen.[48] Das bedeutet, dass die Ist-Kosten entsprechende Kostenanteile beinhalten, während die Soll-Kosten um diese Kostenanteile reduziert wurden. Vor diesem Hintergrund müssen die Soll-Kosten um Zusatzentgelte erhöht werden. Innerhalb der DRG G67D konnte ein Zusatzentgelt ermittelt werden. Es handelt sich um das Zusatzentgelt 30.03 „Gabe von Prothrombinkomplex, parenteral, 4500 IE bis unter 5000 IE" in Höhe von 1674,90 €.[49] Dieses Zusatzentgelt ist der Kostenartengruppe 4b „Sachkosten Arzneimittel Einzelkosten" und der Kostenstellengruppe 2 „Intensivstation" zuzuordnen.

---

[48] Vgl. InEK (2010, S. 5 Online im Internet).
[49] Vgl. Fallpauschalen-Katalog (2009, S. 125 Online im Internet).

MDC:
DRG: [G67D: Ösophagitis, Gastroenteritis u. versch. Erkr. D. Verd.org. ohne kompl. Od. kompliz Diagn./Dial./Komple. Eingnr.; Alt.>2]   zurücksetzen

Daten: 06   MDC 06 Krankheiten und Störungen der Verdauungsorgane   Anz. DRGs: 80   N: 252.153

Faltzahl Normallieger	43.806	Verweildauer		PCCL		Geschlecht			Alter			
		Kurzlieger		23,43%	0	Männlich	69,33%	0	< 28 Tage	41,67%	30 - 39 Jahre	7,09%
v. MDC:	17,37%	Normallieger		68,78%	1	Weiblich	1,37%	1	28 T.- < 1 Jahr	58,32%	40 - 49 Jahre	9,93%
v. gesamt:	1,93%	Langlieger		7,80%	2	Unbestimmt	17,77%	2	1 - 2 Jahre	0,01%	50 - 54 Jahre	5,21%
		1. Tag mit Abschlag	1		3		11,52%	3	3 - 5 Jahre		55 - 59 Jahre	5,20%
Bewertungsrelation	0,434	1. Tag zus. Entgelt	8		4		0,00%	4	6 - 9 Jahre	1.149,98	60 - 64 Jahre	4,82%
		Mittl. Arithm. VWD	3,7			Fallkosten			10 - 15 Jahre	415,63	65 - 74 Jahre	16,23%
		Standardabw. VWD	1,9			Arith. MW	1.149,98		16 - 17 Jahre		75 - 79 Jahre	6,28%
						Std. Abw.	415,63		18 - 29 Jahre		80 Jahre u. älte	13,03%

Profil drucken...

Profile:

Kostenbereich	Personal-kosten Ärztlicher Dienst	Personal-kosten Pflegedienst	Personalkosten med. tech. Dienst/ Funktionsdienst	Sachkosten Arzneimittel	Sachkosten Arzneimittel Einzelkosten	Sachkosten Implantate/ Transplantate	Sachkosten übriger med. Bedarf	Sachkosten übriger med. Bedarf Einzelkosten	Personal- und Sachkosten med. Infrastruktur	Personal- und Sachkosten nicht med. Infrastruktur	Gesamt
	1	2	3	4a	4b	5	6a	6b	7	8	
01. Normalstation	148,2	251,6	14,8	23,8	0,9	0,0	21,8	3,0	70,1	252,6	786,7
02. Intensivstation	1,0	2,3	0,1	0,3	0,0	0,0	0,3	0,0	0,4	1,2	5,5
04. OP-Bereich	0,8	0,0	0,9	0,0	0,0	0,0	0,5	0,1	0,5	0,7	3,6
05. Anästhesie	1,0	0,0	0,7	0,1	0,0	0,0	0,2	0,0	0,1	0,3	2,5
06. Kreißsaal	0,0	0,0	0,0	0,0	0,0	0,0	0,0	0,0	0,0	0,0	0,1
07. Kardiolog. Diagn./ Therapie	0,1	0,0	0,1	0,0	0,0	0,0	0,1	0,0	0,0	0,1	0,4
08. Endoskop. Diagn./ Therapie	35,6	0,0	36,8	1,5	0,0	0,0	18,1	0,5	16,3	24,9	134,1
09. Radiologie	9,1	0,0	13,2	0,2	0,1	0,0	2,9	8,5	4,8	8,4	47,2
10. Laboratorien	4,7	0,0	26,5	0,7	1,2	0,0	17,5	25,8	3,2	12,2	92,0
11 Übrige diagn./ therap. Bereiche	24,4	1,9	27,0	0,8	0,0	0,0	3,5	0,3	4,4	15,4	77,8
Summe:	224,9	255,8	120,2	27,5	2,3	0,0	65,3	38,4	99,9	315,7	1.150,0

Abb. 2.3 Soll-Kosten der DRG G67D, InEK (2011b): o. S. Online im Internet

Tab. 2.7 Top-20-Prozeduren der DRG G67D des Modellkrankenhauses

Prozeduren		Anzahl der Fälle	Anteil an Gesamtfallzahl
Code nach OPS 2009	Bezeichnung		
1-632	Diagnostische Ösophagogastroduodenoskopie	218	67,28%
1-440.a	Endoskopische Biopsie an oberem Verdauungstrakt, Gallengängen und Pankreas: 1-5 Biopsien am oberen Verdauungstrakt	103	31,79%
1-650.1	Diagnostische Koloskopie: Total, bis Zäkum	62	19,14%
1-650.2	Diagnostische Koloskopie: Total, mit Ileoskopie	47	14,51%
1-444.6	Endoskopische Biopsie am unteren Verdauungstrakt: Stufenbiopsie	37	11,42%
1-440.9	Endoskopische Biopsie an oberem Verdauungstrakt, Gallengängen und Pankreas: Stufenbiopsie am oberen Verdauungstrakt	36	11,11%
3-225	Computertomographie des Abdomens mit Kontrastmittel	30	9,26%
8-930	Monitoring von Atmung, Herz und Kreislauf ohne Messung des Pulmonalarteriendruckes und des zentralen Venendruckes	28	8,64%
1-444.7	Endoskopische Biopsie am unteren Verdauungstrakt: 1-5 Biopsien	21	6,48%
3-226	Computertomographie des Beckens mit Kontrastmittel	18	5,56%
8-980.0	Intensivmedizinische Komplexbehandlung (Basisprozedur): 1 bis 184 Aufwandspunkte	9	2,78%
8-800.7f	Transfusion von Vollblut, Erythrozytenkonzentrat und Thrombozytenkonzentrat: Erythrozytenkonzentrat: 1 TE bis unter 6 TE	8	2,47%
1-650.0	Diagnostische Koloskopie: Partiell	7	2,16%
3-200	Native Computertomographie des Schädels	6	1,85%
5-452.21	Lokale Exzision und Destruktion von erkranktem Gewebe des Dickdarmes: Exzision, endoskopisch: Polypektomie von 1-2 Polypen mit Schlinge	5	1,54%
1-313	Ösophagusmanometrie	4	1,23%
1-642	Diagnostische retrograde Darstellung der Gallen- und Pankreaswege	4	1,23%
1-651	Diagnostische Sigmoideoskopie	4	1,23%
3-222	Computertomographie des Thorax mit Kontrastmittel	4	1,23%
1-207.0	Elektroenzephalographie (EEG): Routine-EEG (10/20 Elektroden)	3	0,93%

Eine weitere Besonderheit des Modellkrankenhauses ist, dass die Leistungen „Computertomographie" (CT) und „Magnetresonanztomographie" (MRT) sowie die Laborleistungen im Jahr 2009 outgesourct waren. Die konventionelle Radiologie wurde hingegen vom Modellkrankenhaus selbst erbracht. Die für diese ausgegliederten Leistungen angefallenen Kosten werden mit der Kostenart „Untersuchungen in fremden Instituten" unter der Kostenartengruppe 6b ausgewiesen.[50] Zur Gewährleistung der Vergleichbarkeit müssen daher

---

[50] Vgl. Kalkulationshandbuch (2007, S. 215).

Tab. 2.8 Soll-Kosten der DRG G67D des Modellkrankenhauses

Kostenart / Kostenstelle		Personal- kosten Ärztlicher Dienst	Personal- kosten Pflege- dienst	Personalkosten med. tech. Dienst/ Funktionsdienst	Sachkosten Arzneimittel	Sachkosten Arzneimittel Einzelkosten	Sachkosten Implantate/ Transplantate	Sachkosten übriger med. Bedarf	Sachkosten übriger med. Bedarf Einzelkosten	Personal- und Sachkosten med. Infrastruktur	Personal- und Sachkosten nicht med. Infrastruktur	Gesamt
		1	2	3	4a	4b	5	6a	6b	7	8	
Normalstation	1	49.144	95.075	6.933	9.774	1.591	0	8.570	1.468	21.783	90.919	285.257
Intensivstation	2	770	1.759	53	246	56	0	250	4	246	904	4.289
OP-Bereich	4	239	0	271	10	7	0	155	10	141	221	1.055
Anästhesie	5	334	0	229	31	0	0	81	7	46	88	816
Kreißsaal	6	7	0	18	0	0	0	4	0	0	7	36
Kardiolog. Diagn./ Therapie	7	77	0	88	7	0	4	42	113	31	56	419
Endoskop. Diagn./ Therapie	8	12.227	0	12.625	665	25	35	5.969	384	5.374	8.778	46.082
Radiologie	9	3.495	0	5.624	64	35	7	1.538	2.341	1.759	3.636	18.499
Laboratorien	10	2.172	0	10.914	295	781	0	8.166	5.395	1.109	5.075	33.908
Übrige diagn./ therap. Bereiche	11	7.141	500	9.386	334	14	0	1.330	1.102	1.454	4.783	26.044
Gesamt		75.607	97.335	46.141	11.427	2.509	46	26.106	10.823	31.944	114.467	416.406

Erläuterungen
- Angaben in €.
- Aufgrund der geringen Bedeutung der Nachkommastellen
  werden die Zahlen aus Vereinfachungsgründen auf ganze Zahlen gerundet.

Tab. 2.9 Durchschnittliche Soll-Kosten der DRG G67D des Modellkrankenhauses

Kostenart / Kostenstelle	Personal-kosten Ärztlicher Dienst	Personal-kosten Pflege-dienst	Personalkosten med. tech. Dienst/ Funktionsdienst	Sachkosten Arzneimittel	Sachkosten Arzneimittel Einzelkosten	Sachkosten Implantate/ Transplantate	Sachkosten übriger med. Bedarf	Sachkosten übriger med. Bedarf Einzelkosten	Personal- und Sachkosten med. Infrastruktur	Personal- und Sachkosten nicht med. Infrastruktur	Gesamt
	1	2	3	4a	4b	5	6a	6b	7	8	
Normalstation 1	151,7	293,4	21,4	30,2	4,9	0,0	26,5	4,5	67,2	280,6	880,4
Intensivstation 2	2,4	5,4	0,2	0,8	0,2	0,0	0,8	0,0	0,8	2,8	13,2
OP-Bereich 4	0,7	0,0	0,8	0,0	0,0	0,0	0,5	0,0	0,4	0,7	3,3
Anästhesie 5	1,0	0,0	0,7	0,1	0,0	0,0	0,3	0,0	0,1	0,3	2,5
Kreißsaal 6	0,0	0,0	0,1	0,0	0,0	0,0	0,0	0,0	0,0	0,0	0,1
Kardiolog. Diagn./ Therapie 7	0,2	0,0	0,3	0,0	0,0	0,0	0,1	0,3	0,1	0,2	1,3
Endoskop. Diagn./ Therapie 8	37,7	0,0	39,0	2,1	0,1	0,1	18,4	1,2	16,6	27,1	142,2
Radiologie 9	10,8	0,0	17,4	0,2	0,1	0,0	4,7	7,2	5,4	11,2	57,1
Laboratorien 10	6,7	0,0	33,7	0,9	2,4	0,0	25,2	16,7	3,4	15,7	104,7
Übrige diagn./ therap. Bereiche 11	22,0	1,5	29,0	1,0	0,0	0,0	4,1	3,4	4,5	14,8	80,4
Gesamt	233,4	300,4	142,4	35,3	7,7	0,1	80,6	33,4	98,6	353,3	1285,2

Erläuterungen

- Angaben in €.
- Aufgrund der hohen Bedeutung der Nachkommastellen und um gleichzeitig die Lesbarkeit nicht zu beeinträchtigen, werden die Werte auf eine Nachkommastelle gerundet.

die Soll-Kosten bereinigt werden. Das bedeutet, dass die Kostenartengruppe 6b belastet und die anderen Kostenartengruppen entsprechend entlastet werden müssen. Im Jahr 2009 sind innerhalb der DRG G67D Kosten in Höhe von 4577,44 € für CTs angefallen. MRTs wurden hingegen nicht für diese DRG erbracht. Da die konventionelle Radiologie vom Krankenhaus selbst erbracht wurde, müssen die Kostenartengruppen 1, 3, 4a, 4b, 5, 6a, 7 und 8 anteilig entlastet werden. Die anteilige Entlastung erfolgt in dem Verhältnis, wie sich die InEK-Kosten verteilen. Der Anteil der Kosten der einzelnen Kostenartengruppen an den Gesamtkosten der Radiologie sowie der entsprechende Betrag, um dem die Kostenartengruppen bereinigt werden müssen, sind in Tab. 2.10 abgebildet.

Die Laborleistungen waren hingegen komplett outgesourct. Deshalb wurden die Kostenartengruppen 1, 3, 4a, 6a, 7 und 8 vollständig entlastet. Die Kosten wurden der Kostenartengruppe 6b zugerechnet. Die Kostenartengruppe 4b wurde nicht bereinigt. Hierbei handelt es sich um Kosten bezogener Blutprodukte. Auch wenn Blutprodukte von Dritten bezogen werden, werden diese Kosten in Modul 10.4b ausgewiesen.[51]

Die bereinigten Soll-Kosten sind in Tab. 2.11 und 2.12 dargestellt.

---

[51] Vgl. Kalkulationshandbuch (2007, S. 115).

Tab. 2.10 Bereinigung der Radiologie

Kostenart / Kostenstelle	Personalkosten Ärztlicher Dienst	Personalkosten Pflegedienst	Personalkosten med. tech. Dienst/ Funktionsdienst	Sachkosten Arzneimittel Einzelkosten	Sachkosten Arzneimittel Einzelkosten	Sachkosten Implantate/ Transplantate	Sachkosten übriger med. Bedarf	Sachkosten übriger med. Bedarf Einzelkosten	Personal- und Sachkosten med. Infrastruktur	Personal- und Sachkosten nicht med. Infrastruktur	Gesamt
	1	2	3	4a	4b	5	6a	6b	7	8	
Soll-Kosten der Radiologie*	3.495	0	5.624	64	35	7	1.538	2.341	1.759	3.636	18.499
Anteil an Gesamt-Soll-Kosten	18,89%	0,00%	30,40%	0,34%	0,19%	0,04%	8,31%	12,65%	9,51%	19,65%	100,00%
anteilige Kosten für CT	864,76	0,00	1391,65	15,75	8,68	1,83	380,56	579,17	435,35	899,69	4577,44

* vgl. Tabelle 2.9

Tab. 2.11 Bereinigte Soll-Kosten der DRG G67D des Modellkrankenhauses

Kostenstelle	Nr.	Personalkosten Ärztlicher Dienst (1)	Personalkosten Pflegedienst (2)	Personalkosten med. tech. Dienst/ Funktionsdienst (3)	Sachkosten Arzneimittel (4a)	Sachkosten Arzneimittel (4b)	Sachkosten Implantate/ Transplantate (5)	Sachkosten übriger med. Bedarf (6a)	Sachkosten übriger med. Bedarf Einzelkosten (6b)	Personal- und Sachkosten med. Infrastruktur (7)	Personal- und Sachkosten nicht med. Infrastruktur (8)	Gesamt
Normalstation	1	49.144	95.075	6.933	9.774	1.591			1.468			285.257
Intensivstation	2	770	1.759	53	246	1.731			4			5.964
OP-Bereich	4	239	0	271	10	7			10			1.055
Anästhesie	5	334	0	229	31	0			7			816
Kreißsaal	6	7	0	18	0	0			0			36
Kardiolog. Diagn./ Therapie	7	77	0	88	7	0			113			419
Endoskop. Diagn./ Therapie	8	12.227	0	12.625	665	25	35	5.969	384			46.082
Radiologie	9	**2.630**	**0**	**4.232**	**48**	**26**	**6**	**1.157**	**6.339**	**1.324**	**2.736**	**18.499**
Laboratorien	10	0	0	0	0	781	0	0	33.127	0	0	33.908
Übrige diagn./ therap. Bereiche	11	7.141	500	9.386	334	14	0	1.330	1.102	1.454	4.783	26.044
Gesamt		72.570	97.335	33.835	11.116	4.176	44	17.559	42.553	30.400	108.493	418.081

Spalte (4b) Intensivstation: 1.731 + ZE30.03: 1674,90€

Anmerkung zu Spalte (6a): Kosten für CT (4577,44€) wurden der Kostenartengruppe 6b zugerechnet; die Kostenartengruppen 1,3,4a,4b,5,6a,6b,7 und 8 wurden anteilig entlastet.

Anmerkung zu Spalte (6b): Kosten für Laborleistungen wurden der Kostenartengruppe 6b zugerechnet; die Kostenartengruppen 1,3,4a,6a,7 und 8 wurden entlastet.

Erläuterungen
- Angaben in €.
- Aufgrund der geringen Bedeutung der Nachkommastellen werden die Zahlen aus Vereinfachungsgründen auf ganze Zahlen gerundet.

Tab. 2.12 Durchschnittlich bereinigte Soll-Kosten der DRG G67D des Modellkrankenhauses

Kostenstelle		Personal-kosten Ärztlicher Dienst	Personal-kosten Pflegedienst	Personalkosten med. tech. Dienst/ Funktionsdienst	Sachkosten Arzneimittel	Sachkosten Arzneimittel + ZE30.03: 5,17€/Fall	Sachkosten Implantate/ Transplantate	Sachkosten übriger med. Einzelkosten	Sachkosten übriger med. Bedarf	Personal- und Sachkosten med. Infrastruktur	Personal- und Sachkosten nicht med. Infrastruktur	Gesamt
		1	2	3	4a					7	8	
Normalstation	1	151,7	293,4	21,4	30,2	4,9	0,0		4,5			880,4
Intensivstation	2	2,4	5,4	0,2	0,8	5,3	0,0		0,0			18,4
OP-Bereich	4	0,7	0,0	0,8	0,0	0,0	0,0		0,0			3,3
Anästhesie	5	1,0	0,0	0,7	0,1	0,0	0,0		0,0			2,5
Kreißsaal	6	0,0	0,0	0,1	0,0	0,0	0,0		0,0			0,1
Kardiolog. Diagn./ Therapie	7	0,2	0,0	0,3	0,0	0,0	0,0		0,3			1,3
Endoskop. Diagn./ Therapie	8	37,7	0,0	39,0	2,1	0,1	0,1	18,4	1,2			142,2
Radiologie	9	8,1	0,0	13,1	0,1	0,1	0,1	3,6	19,6	4,1	8,4	57,1
Laboratorien	10	0,0	0,0	0,0	0,0	2,4	0,0	0,0	102,2	0,0	0,0	104,7
Übrige diagn./ therap. Bereiche	11	22,0	1,5	29,0	1,0	0,0	0,0	4,1	3,4	4,5	14,8	80,4
Gesamt		224,0	300,4	104,4	34,3	12,9	0,1	54,2	131,3	93,8	334,9	1290,4

Kosten für CT (14,13€/Fall) wurden der Kostenartengruppe 6b zugerechnet; die Kostenartengruppen 1,3,4a,4b,5,6a,6b,7 und 8 wurden anteilig entlastet.

Kosten für Laborleistungen wurden der Kostenartengruppe 6b zugerechnet; die Kostenartengruppen 1,3,4a,6a,7 und 8 wurden entlastet.

Erläuterungen
- Angaben in €.
- Aufgrund der hohen Bedeutung der Nachkommastellen und um gleichzeitig die Lesbarkeit nicht zu beeinträchtigen, werden die Werte auf eine Nachkommastelle gerundet.

Analyse der ausgewählten DRG in einer Internistischen Fachabteilung eines Modellkrankenhauses

3.1 Identifikation der Leistungslücken

Um Leistungslücken der DRG G67D zu identifizieren, werden die Kostendaten des Modellkrankenhauses mit den durchschnittlichen Fallkosten der Kalkulationskrankenhäuser verglichen. Hierzu werden die Ist-Kosten des Modellkrankenhauses von den bereinigten Soll-Kosten subtrahiert (siehe Tab. 3.1 und 3.2).

Insgesamt gesehen ist die DRG G67D als defizitär zu bezeichnen, da die Kosten des Modellkrankenhauses die InEK-Kosten übersteigen. Bezogen auf 324 Fälle beträgt die Kostenabweichung − 16.919 €. Dies bedeutet, dass ein Fall durchschnittlich einen Fehlbetrag von 52,20 € verursacht. Werden die einzelnen Kostenstellengruppen betrachtet, so können negative Abweichungen im Bereich der Normalstation, Intensivstation und Endoskopie festgestellt werden. Auf Kostenartenebene werden negative Abweichungen bei den Personalkosten Pflegedienst, bei den Sachkosten übriger medizinischer Bedarf sowie bei den Personal- und Sachkosten der nicht-medizinischen Infrastruktur deutlich (siehe Tab. 3.1 und 3.2). Die Personal- und Sachkosten der medizinischen und nicht-medizinischen Infrastruktur sind jedoch nur bedingt aussagekräftig, da die Kosten auf die Verrechnung mehrerer indirekter Kostenstellen zurückzuführen sind.[1] Insbesondere auf DRG-Ebene ist eine Untersuchung dieser beiden Kostenartengruppen weniger aussagekräftig. Deshalb werden die Infrastrukturkosten nur auf Ebene des Gesamthauses betrachtet.

Wie aus Tab. 3.3 ersichtlich wird, weisen die Kostenartengruppen 7 und 8 auf der Ebene des Gesamthauses positive Abweichungen auf. Vor diesem Hintergrund werden die beiden Kostenartengruppen keiner genaueren Analyse unterzogen.

Im Folgenden werden die vier Module genauer untersucht, die die größten Abweichungen aufweisen. Dieses betrifft die Personalkosten des Pflegedienstes auf der Normalstation (Modul 1.2), die Personalkosten des Pflegedienstes auf der Intensivstation (Modul 2.2), die Personalkosten des Ärztlichen Dienstes in der Endoskopie (Modul 8.1) sowie die Sachkos-

---

[1] Vgl. Zapp und Oswald (2009, S. 217).

Tab. 3.1 Kostenabweichungen der DRG G67D

Kostenstelle \ Kostenart		Personalkosten Ärztlicher Dienst 1	Personalkosten Pflegedienst 2	Personalkosten med. tech. Dienst/ Funktionsdienst 3	Sachkosten Arzneimittel 4a	Sachkosten Arzneimittel Einzelkosten 4b	Sachkosten Implantate/ Transplantate 5	Sachkosten übriger med. Bedarf 6a	Sachkosten übriger med. Bedarf Einzelkosten 6b	Personal- und Sachkosten med. Infrastruktur 7	Personal- und Sachkosten nicht med. Infrastruktur 8	Gesamt
Normalstation	1	8.144	-12.925	1.933	774	1.591	0	2.570	468	5.783	-21.081	-12.743
Intensivstation	2	-2.230	-11.241	53	246	731	0	-750	4	-754	-3.096	-17.036
OP-Bereich	4	239	0	271	10	7	0	155	-990	141	221	55
Anästhesie	5	334	0	229	31	0	0	81	7	46	88	816
Kreißsaal	6	7	0	18	0	0	0	4	0	0	7	36
Kardiolog. Diagn./ Therapie	7	77	0	88	7	0	4	42	113	31	56	419
Endoskop. Diagn./ Therapie	8	-8.773	0	-2.375	665	25	35	-3.031	384	-3.626	1.778	-14.918
Radiologie	9	630	0	-768	48	26	6	157	339	324	736	1.499
Laboratorien	10	0	0	0	0	-1.219	0	0	8.127	0	0	6.908
Übrige diagn./ therap. Bereiche	11	7.141	500	4.386	334	14	0	330	1.102	1.454	2.783	18.044
Gesamt		5.570	-23.665	3.835	2.116	1.176	44	-441	9.553	3.400	-18.507	-16.919

Legende

⬆ positive Abweichung

⬆ mittlere negative Abweichung (Wert liegt zwischen -1 und -10.541)

⬇ starke negative Abweichung (Wert liegt zwischen -10.542 und -21.081)

Erläuterungen

- Angaben in €.
- Aufgrund der geringen Bedeutung der Nachkommastellen werden die Zahlen aus Vereinfachungsgründen auf ganze Zahlen gerundet.

Tab. 3.2 Durchschnittliche Kostenabweichungen der DRG G67D

Kostenart / Kostenstelle		Personalkosten Ärztlicher Dienst	Personalkosten Pflegedienst	Personalkosten med. tech. Dienst/ Funktionsdienst	Sachkosten Arzneimittel	Sachkosten Arzneimittel Einzelkosten	Sachkosten Implantate/ Transplantate	Sachkosten übriger med. Bedarf	Sachkosten übriger med. Bedarf Einzelkosten	Personal- und Sachkosten med. Infrastruktur	Personal- und Sachkosten nicht med. Infrastruktur	Gesamt
		1	2	3	4a	4b	5	6a	6b	7	8	
Normalstation	1	25,1	-39,9	6,0	2,4	4,9	0,0	7,9	1,4	17,8	-65,1	-39,3
Intensivstation	2	-6,9	-34,7	0,2	0,8	2,3	0,0	-2,3	0,0	-2,3	-9,6	-52,6
OP-Bereich	4	0,7	0,0	0,8	0,0	0,0	0,0	0,5	-3,1	0,4	0,7	0,2
Anästhesie	5	1,0	0,0	0,7	0,1	0,0	0,0	0,3	0,0	0,1	0,3	2,5
Kreißsaal	6	0,0	0,0	0,1	0,0	0,0	0,0	0,0	0,0	0,0	0,0	0,1
Kardiolog. Diagn./ Therapie	7	0,2	0,0	0,3	0,0	0,0	0,1	0,1	0,3	0,1	0,2	1,3
Endoskop. Diagn./ Therapie	8	-27,1	0,0	-7,3	2,1	0,1	0,1	-9,4	1,2	-11,2	5,5	-46,0
Radiologie	9	1,9	0,0	-2,4	0,1	0,1	0,0	0,5	1,0	1,0	2,3	4,6
Laboratorien	10	0,0	0,0	0,0	0,0	-3,8	0,0	0,0	25,1	0,0	0,0	21,3
Übrige diagn./ therap. Bereiche	11	22,0	1,5	13,5	1,0	0,0	0,0	1,0	3,4	4,5	8,6	55,7
Gesamt		17,2	-73,0	11,8	6,5	3,6	0,1	-1,4	29,5	10,5	-57,1	-52,2

Erläuterungen

- Angaben in €.
- Aufgrund der hohen Bedeutung der Nachkommastellen und um gleichzeitig die Lesbarkeit nicht zu beeinträchtigen, werden die Werte auf eine Nachkommastelle gerundet.

Legende

⇑ positive Abweichung

⇑ mittlere negative Abweichung (Wert liegt zwischen -1 und -33)

⇨ starke negative Abweichung (Wert liegt zwischen -34 und -66)

Tab. 3.3 Infrastrukturkosten des Gesamthauses

Kostenstelle \ Kostenart		Personal- und Sachkosten med. Infrastruktur	Personal- und Sachkosten nicht med. Infrastruktur
		7	8
Normalstation	1	170	50
Intensivstation	2	40	80
Dialyseabteilung	3	0	0
OP-Bereich	4	**-100**	70
Anästhesie	5	0	30
Kreißsaal	6	0	0
Kardiolog. Diagn./ Therapie	7	10	20
Endoskop. Diagn./ Therapie	8	**-30**	20
Radiologie	9	100	210
Laboratorien	10	40	180
Übrige diagn./ therap. Bereiche	11	20	**-280**
Gesamt		250	380

Erläuterungen
- Angaben in €.
- Aufgrund der geringen Bedeutung der Nachkommastellen werden die Zahlen aus Vereinfachungsgründen auf ganze Zahlen gerundet.

ten übriger medizinischer Bedarf in der Endoskopie (Modul 8.6a). Wie den Tab. 3.1 und 3.2 zu entnehmen ist, sind diesen Modulen die Zeichen ↑, ↓ und → zugeordnet.

3.2 Ergänzende Informationsbeschaffung

Um die Abweichungen der zu untersuchenden Kostenmodule analysieren zu können, müssen zunächst die in die Berechnung einfließenden Kosten- und Leistungsdaten identifiziert werden.

Wie bereits in Abschn. 2.2.2.2 beschrieben, werden im Rahmen der Kostenträgerrechnung die auf den direkten Kostenstellen gebuchten DRG-relevanten Kosten den leistungsempfangenden Fällen zugeordnet. Dazu werden für die Gemeinkosten Kalkulationssätze anhand von verursachungsgerechten Bezugsgrößen gebildet. Werden die Kalkulationssätze mit der empfangenen Leistungsmenge des Einzelfalls multipliziert, so erhält man die fallbezogene Kostenbelastung. Einzelkosten werden dem jeweiligen Fall hingegen direkt zugeordnet.[2]

---

[2] Vgl. Kalkulationshandbuch (2007, S. 102).

Die Bezugsgröße der **Personalkosten des Pflegedienstes** auf der **Normalstation** sind die PPR-Minuten.[3] Folglich wird die Höhe der Personalkosten des Pflegedienstes auf der Normalstation zum einen durch den Kalkulationssatz, d. h. durch die Kosten pro PPR-Minute, und zum anderen durch die fallbezogenen PPR-Minuten beeinflusst. Somit lassen sich drei Szenarien für die erhöhten Personalkosten des Pflegedienstes auf der Normalstation entwickeln:

1. die durchschnittlichen PPR-Minuten der DRG G67D sind zu hoch
2. die Kosten pro PPR-Minute für den Pflegedienst sind zu hoch
3. die durchschnittlichen PPR-Minuten der DRG G67D **und** die Kosten pro PPR-Minute für den Pflegedienst sind zu hoch

Sind die Kosten pro PPR-Minute zu hoch, bedeutet dies, dass entweder die Personalkosten des Pflegedienstes zu hoch sind oder zu viel Pflegepersonal auf der Normalstation infolge von Überbesetzung tätig ist. Die Höhe der PPR-Minuten ist hingegen abhängig von der täglichen PPR-Einstufung der Patienten sowie der Verweildauer.[4]

Die Kostenzuordnung der **Personalkosten des Pflegedienstes** auf der **Intensivstation** erfolgt anhand der Bezugsgröße „gewichtete Intensivstunde".[5] Analog zu den oben beschriebenen Einflussgrößen können auch hier drei Szenarien entwickelt werden:

1. die durchschnittlich gewichteten Intensivstunden der DRG G67D sind zu hoch
2. die Kosten pro gewichtete Intensivstunde für den Pflegedienst sind zu hoch
3. die durchschnittlichen gewichteten Intensivstunden der DRG G67D **und** die Kosten pro gewichtete Intensivstunde für den Pflegedienst sind zu hoch

Sind die durchschnittlich gewichteten Intensivstunden zu hoch, so ist entweder der Anteil von Intensivpatienten dieser DRG zu groß oder die Intensivpatienten weisen eine zu lange Liegezeit auf der Intensivstation auf. Sind die Kosten pro gewichtete Intensivstunde für den Pflegedienst zu hoch, so sind entweder die Personalkosten des Pflegedienstes zu hoch oder es wird zu viel Pflegepersonal zur Betreuung der Intensivpatienten eingesetzt.[6]

Die Bezugsgrößen für die fallbezogene Kostenverteilung der **Endoskopie** sind die Eingriffszeit oder die Punkte laut Leistungskatalog.[7] Im Modellkrankenhaus werden die Kosten auf der Grundlage des Leistungskatalogs GOÄ verteilt. Wie in Abschn. 3.1 erläutert, weisen in der Endoskopie zum einen die Personalkosten des Ärztlichen Dienstes und zum anderen die Sachkosten übriger medizinischer Bedarf negative Kostenabweichungen auf. Für die erhöhten **Personalkosten des Ärztlichen Dienstes** lassen sich folgende mögliche Ursachen identifizieren:

---

[3] Vgl. Kalkulationshandbuch (2007, S. 132 f).
[4] Die möglichen Einflussgrößen werden in Abschn. 3.3.1 näher untersucht.
[5] Vgl. Kalkulationshandbuch (2007, S. 102).
[6] Die möglichen Einflussgrößen werden in Abschn. 3.3.2 näher untersucht.
[7] Vgl. Kalkulationshandbuch (2007, S. 181).

1. die durchschnittlichen Punkte der DRG G67D sind zu hoch
2. die Kosten pro Punkt für den Ärztlichen Dienst sind zu hoch
3. die durchschnittlichen Punkte der DRG G67D **und** die Kosten pro Punkt für den Ärztlichen Dienst sind zu hoch

Zu hohe durchschnittliche Punkte deuten darauf hin, dass zu viele endoskopische Leistungen dieser DRG angefordert wurden. Sind die Kosten pro Punkt für den Ärztlichen Dienst zu hoch, so sind entweder zu viele Ärzte in der Endoskopie tätig oder die Personalkosten des Ärztlichen Dienstes sind zu hoch.[8]

Hinsichtlich der Kostenabweichungen der **Sachkosten übriger medizinischer Bedarf** lassen sich folgende Szenarien entwickeln:

1. die durchschnittlichen Punkte der DRG G67D sind zu hoch
2. die Kosten pro Punkt für die Sachkosten übriger medizinischer Bedarf sind zu hoch
3. die durchschnittlichen Punkte der DRG G67D **und** die Kosten pro Punkt für die Sachkosten übriger medizinscher Bedarf sind zu hoch

Wie oben beschrieben, deuten zu hohe durchschnittliche Punkte auf eine zu hohe Inanspruchnahme endoskopischer Leistungen hin. Die Kosten pro Punkt sind hingegen von dem Verbrauch und dem Preis der Sachmittel abhängig.[9]

Die Einflussfaktoren auf die einzelnen Kostenmodule sind zusammenfassend in Abb. 3.1 dargestellt.

Anhand der Abb. 3.1 wird deutlich, dass neben den vom InEK bereitgestellten Daten weitere Informationen über die in die Berechnung einfließenden Kosten- und Leistungsdaten erforderlich sind, um Kostenabweichungen analysieren zu können. Somit bedarf es einer ergänzenden Informationsbeschaffung.

3.2.1 Beschaffung der ergänzenden Informationen im Modellkrankenhaus

Die Patienten mit der DRG G67D haben einen Gesamtpflegezeitaufwand nach PPR in Höhe von 190.425 Minuten verursacht. Somit entfallen durchschnittlich 591,38 PPR-Minuten[10] auf einen Patienten.

---

[8] Die möglichen Einflussgrößen werden in Abschn. 3.3.3 näher untersucht.
[9] Die möglichen Einflussgrößen werden in Abschn. 3.3.3 näher untersucht.
[10] Die Summe der PPR-Minuten wurde durch 322 Patienten geteilt, da für zwei Fälle keine PPR-Minuten dokumentiert wurden.

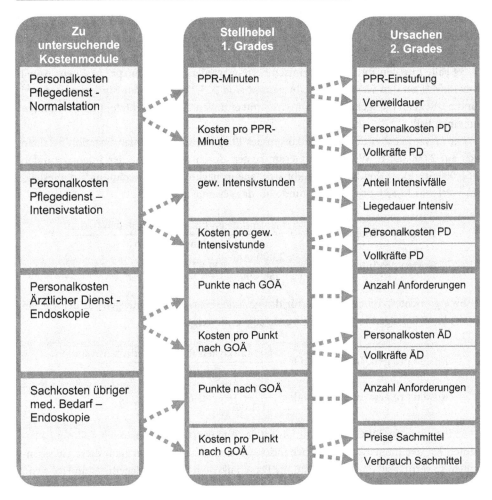

Abb. 3.1 Einflussfaktoren der zu untersuchenden Kostenmodule (eigene Darstellung)

Die Kosten pro PPR-Minute für das gesamte Haus betragen 0,52 €. Der Wert errechnet sich aus nachfolgender Formel.[11]

$$\text{Kosten pro PPR-Minute} = \frac{\text{Gesamtkosten Pflegedienst Normalstation}}{\text{PPR-Minute}}$$

$$\text{Kosten pro PPR-Minute} = \frac{7.000.000}{13.500.000} = 0,52$$

Die Kosten pro PPR-Minute sind abhängig von der jeweiligen Station, auf der ein Patient behandelt wurde. Um den Minutenwert für die Patienten der DRG G67D zu ermitteln, wird

---

[11] Vgl. Kalkulationshandbuch (2007, S. 133).

jedem Fall entsprechend der belegten Station der jeweilige Minutenwert zugeordnet. Der Mittelwert beträgt 0,52 € und weicht somit nicht von dem Minutenwert des Gesamthauses ab.

39 Fälle mussten intensivmedizinisch betreut werden. Dieses entspricht einem Anteil von 12,04 % an den Gesamtfällen. Insgesamt sind 725,77 (gewichtete) Intensivstunden[12] für die DRG G67D angefallen. Im Durchschnitt entfallen 2,24 (gewichtete) Intensivstunden auf einen Fall.

Die Gesamtkosten der Personalkosten des Pflegedienstes der Intensivstation belaufen sich auf 2.000.000 €. Werden die Gesamtkosten durch die Summe der Intensivstunden (156.000 Stunden) dividiert, so ergibt sich, wie in nachfolgender Rechnung[13] dargestellt, ein Wert von 12,83 € pro Intensivstunde für das gesamte Haus.

$$\text{Kosten pro Intensivstunde} = \frac{\text{Gesamtkosten Pflegedienst Intensivstation}}{\text{Intensivstunden}}$$

$$\text{Kosten pro Intensivstunde} = \frac{2.000.000}{156.000} = 12,83$$

Eine gewichtete Intensivstunde für das gesamte Haus kostet hingegen für den Pflegedienst 11,69 €. Folgende Rechnung wurde zugrunde gelegt:[14]

$$\text{Kosten pro gew. Intensivstunde} = \frac{\text{Gesamtkosten Pflegedienst Intensivstation}}{\text{gew. Intensivstunden}}$$

$$\text{Kosten pro gew. Intensivstunde} = \frac{2.000.000}{171.000} = 11,69$$

35 Patienten der DRG G67D wurden auf der Intensivstation I behandelt, während 4 Patienten auf der Intensivstation II behandelt wurden. Berücksichtigt man diese Gegebenheiten, so verursacht eine Intensivstunde Personalkosten für den Pflegedienst in Höhe von 17,55 € (89,74 % × 18,07 € + 10,26 % × 12,97 €). Eine gewichtete Intensivstunde kostet hingegen 16,33 € (89,74 % × 16,95 + 10,26 % × 10,94 €) für den Pflegedienst. Die der Rechnung zugrunde gelegten Werte sind Tab. 3.4 zu entnehmen. Diese angepassten Kostensätze werden der Benchmarking-Studie zugrunde gelegt.

Im Bereich der Endoskopie wurden innerhalb der DRG G67D 659.999 Punkte nach GOÄ erbracht. Dividiert man die Punkte durch 324 Fälle, so ergibt sich ein durchschnittlicher Wert von 2037,03 Punkten pro Fall.

---

[12] Die Gewichtung erfolgt im Modellkrankenhaus nicht, wie vom Kalkulationshandbuch empfohlen, anhand der abgestuften Gewichtung nach Überwachungs-, Behandlungs- und Beatmungsstunden, vgl. Kalkulationshandbuch (2007, S. 139). Im Modellkrankenhaus werden die Überwachungs- und Behandlungsstunden nicht unterschiedlich gewichtet. Da keine Patienten mit der DRG G67D beatmet werden mussten, entsprechen die gewichteten Intensivstunden den ungewichteten Intensivstunden.

[13] Vgl. Kalkulationshandbuch (2007, S. 140).

[14] Vgl. Kalkulationshandbuch (2007, S. 140).

Tab. 3.4 Belegte Stationen der Intensivpatienten der DRG G67D und ihre Kostensätze

Kostenstelle	Anzahl der Patienten	Anteil an Intensivpatienten	Kosten/ Intensivstunde	Kosten/ gewichtete Intensivstunde
Intensiv 1	35	89,74%	18,07	16,95
Intensiv 2	4	10,26%	12,97	10,94
Stroke Unit	0	0,00%	7,09	7,09
Gesamt	39	100,00%	12,83	11,69

Die Personalkosten des Ärztlichen Dienstes in der Endoskopie belaufen sich auf 300.000 €, die Sachkosten übriger medizinischer Bedarf auf 100.000 €. Werden die Gesamtkosten der beiden Kostenartengruppen durch die in der Endoskopie erbrachten Punkte (10.000.000 Punkte nach GOÄ) dividiert, so ergibt sich für den Ärztlichen Dienst ein Kalkulationssatz von 0,03 € und für die Sachkosten übriger medizinischer Bedarf ein Kalkulationssatz von 0,01 €. Die Berechnung des Kostensatzes für den Ärztlichen Dienst ist in folgender Formel abgebildet:[15]

$$\text{Kosten pro Punkt} = \frac{\text{Gesamtkosten Ärztlicher Dienst Endoskopie}}{\text{Punkte lt. Leistungskatalog}}$$

$$\text{Kosten pro Punkt} = \frac{300.000}{10.000.000} = 0,03$$

Für die Sachkosten übriger medizinischer Bedarf wurde folgende Rechnung zugrunde gelegt:[16]

$$\text{Kosten pro Punkt} = \frac{\text{Gesamtkosten Sachkosten übr. med. Bedarf Endoskopie}}{\text{Punkte lt. Leistungskatalog}}$$

$$\text{Kosten pro Punkt} = \frac{100.000}{10.000.000} = 0,01$$

3.2.2 Beschaffung der ergänzenden Informationen von Vergleichskrankenhäusern

Nach der Ermittlung der ergänzenden Daten des eigenen Krankenhauses werden die entsprechenden Daten vom Vergleichspartner beschafft. Da das InEK die in die Kalkulation einfließenden Kosten- und Leistungsdaten nicht zur Verfügung stellt[17], wurde eine Stich-

---

[15] Vgl. Kalkulationshandbuch (2007, S. 182).
[16] Vgl. Kalkulationshandbuch (2007, S. 182).
[17] Eine Anfrage beim InEK, die in die Berechnung einfließenden Kosten- und Leistungsdaten für ein Benchmarking zur Verfügung zu stellen, wurde abgelehnt.

Tab. 3.5 Kosten- und Leistungsdaten der DRG G67D von Vergleichskrankenhäusern

Erhobene Daten	Vergleichskrankenhäuser*	K1	K2	K3	K4	K5	K6	K7	K8	K9	K10	K11	K12	K13	Stichprobe
Normalstation	PPR-Minuten pro Fall	519,57	515,90	490,65	684,67	605,47	619,51	835,00	546,00	465,61	457,95	490,90	453,00		557,02
	Kosten pro PPR-Minute (Modul 1.2) [in Euro]	0,60	0,44	0,47	0,45	0,47	0,51	0,39	0,49	0,44	0,44	0,49	0,52	0,56	0,48
	Intensivstunden pro Fall	0,25	0,10			0,63	0,25	0,38	0,30	0,65			0,00		0,32
	Kosten pro Intensivstunde (Modul 2.2) [in Euro]	11,45					9,60	12,78		15,78					12,40
Intensivstation	gew. Intensivstunden pro Fall	0,24	0,11	0,01	0,13	0,53					0,05	0,04			0,16
	Kosten pro gew. Intensivstunde (Modul 2.2) [in Euro]	11,85	12,21	13,50		11,46					10,40	17,85		11,82	12,73
	Anteil Intensivpatienten	0,68%	0,19%	0,37%	0,85%	1,49%	0,90%	2,00%	2,00%	1,68%	0,82%	1,16%	0,00%		1,01%
Endoskopie	Punkte pro Fall [nach GOÄ]		809,05		1458,00		791,61	482,00		1370,51	1075,19	1346,54	1850,00	1692,43	1208,37
	Kosten pro Punkt (Modul 8.1) [in Euro]		0,05				0,02	0,01	0,01	0,02	0,04	0,01	0,03	0,03	0,02
	Kosten pro Punkt (Modul 8.6a) [in Euro]		0,02				0,02	0,17	0,03	0,04	0,00	0,01	0,01	0,01	0,03

* Die Unterlagen mit den einzelnen Werten der Krankenhäuser liegen den Autoren der vorliegenden Arbeit vor.
Aus Gründen der Anonymisierung werden die E-Mails nicht im Literaturverzeichnis aufgeführt.

probe im Umfang von 50 Kalkulationskrankenhäusern gebildet. Die Stichprobe basiert auf
dem Zufallsprinzip. Dabei wurden alle an der Kalkulation teilnehmenden Krankenhäuser
einbezogen, unabhängig von ihrem Bundesland, ihrer Trägerschaft und ihrer Größenord-
nung. Der Grund dafür liegt darin, dass auch in die InEK-Kalkulation Daten jeglicher
Krankenhäuser einfließen.[18] Die Krankenhäuser wurden in der Regel per E-Mail kontak-
tiert. Die Rücklaufquote betrug 26 %. Die Plausibilität der Daten wurde durch telefonische
Rückfragen sichergestellt. Die Tab. 3.5 stellt die erhobenen Daten dar.

Um eine Vergleichbarkeit mit den Daten des Modellkrankenhauses zu schaffen, beziehen sich auch diese Daten auf Normallieger sowie auf die Datengrundlage 2009. Wie aus
Tab. 3.5 ersichtlich wird, konnte Krankenhaus 13 die Daten nicht für die Normallieger ermitteln. Des Weiteren war es zum Teil nicht möglich, die gewichteten Intensivstunden bzw.
die Kosten pro gewichtete Intensivstunde zur Verfügung zu stellen. Vor diesem Hintergrund werden sowohl die gewichteten als auch die ungewichteten Intensivstunden in der
Tabelle abgebildet. Eine weitere Besonderheit betrifft die Kostenstelle Endoskopie. Krankenhaus 1 und Krankenhaus 5 nehmen die Verrechnung der Personalkosten des Ärztlichen Dienstes sowie der Sachkosten übriger medizinischer Bedarf anhand der Bezugsgröße
„Eingriffszeit" vor. Da das Modellkrankenhaus die Kosten auf Basis der Punkte lt. GOÄ
vornimmt, werden auch diese Daten nicht in der Tabelle dargestellt.

Werden die Daten der einzelnen Vergleichskrankenhäuser miteinander verglichen, so
sind enorme Schwankungen zu erkennen. Hier seien beispielsweise die durchschnittlichen PPR-Minuten von Krankenhaus 7 genannt, die weit über den Werten der anderen
Krankenhäuser liegen. Da jedoch auch die InEK-Kostendaten auf Durchschnittswerten aller teilnehmenden Krankenhäuser basieren[19], werden auch hier nach Plausibilitätsprüfung
jegliche Daten in die Berechnung des Mittelwertes einbezogen.

Die darüber hinaus angeforderten Daten bezüglich der durchschnittlichen Personalkosten des Pflegedienstes und des Ärztlichen Dienstes wurden aus datenschutzrechtlichen
Gründen lediglich von einem Krankenhaus zur Verfügung gestellt. Aufgrund der eingeschränkten Aussagekraft konnten diese Daten nicht als repräsentative Vergleichsgröße herangezogen werden.

3.3 Abweichungsanalyse und Ermittlung der Ursachen

In Abschn. 3.2 wurden bereits Möglichkeiten, die für die negativen Abweichungen in den
Bereichen „Personalkosten des Pflegedienstes auf der Normalstation", „Personalkosten des
Pflegedienstes auf der Intensivstation", „Personalkosten des Ärztlichen Dienstes in der Endoskopie" und „Sachkosten übriger medizinischer Bedarf in der Endoskopie" in Betracht
kommen könnten, aufgezeigt. Im Folgenden sollen diese untersucht und überprüft werden,
um die Ursachen zu ermitteln.

---

[18] Vgl. Abschn. 2.2.2.2.
[19] Vgl. Papenhoff und Schmitz (2009, S. 92).

Tab. 3.6 Abweichungen der Kosten- und Leistungsdaten im Pflegedienst auf der Normalstation

Erhobene Daten	Vergleichskrankenhäuser	Stichprobe	Modell-krankenhaus
Normalstation	PPR-Minuten pro Fall	557,02	591,38
	Kosten pro PPR-Minute (Modul 1.2) [in Euro]	0,48	0,52

3.3.1 Analyse der Personalkosten des Pflegedienstes auf der Normalstation

Hinsichtlich der Kostenstruktur von Krankenhäusern ist festzustellen, dass sich die Krankenhauskosten[20] aus den Personalkosten und den Sachkosten zusammensetzen.[21] Zudem besteht der überwiegende Anteil der Kosten eines Krankenhauses aus fixen Kosten.[22] Rund 75 % der Kosten sind fix und rund 25 % der Kosten sind den variablen Kosten zuzuordnen.[23] Den größten Anteil an den fixen Kosten nehmen die Personalkosten ein. Aufgrund der geringen Verbindung zwischen den Personalkosten und der Anzahl der Leistungen[24] sind nach Engelke und Riefenstahl 98 % der Personalkosten als fixe Kosten anzusehen.[25] Dagegen weist der Großteil der Sachkosten einen variablen Bestandteil auf.[26] Im Modellkrankenhaus liegt der größte Anteil mit 63,30 %[27] ebenfalls bei den Personalkosten. Aufgrund dieser Gegebenheiten und der sich daraus ergebenden wichtigen Bedeutung der fixen Kosten innerhalb der Kostenstruktur des Krankenhauses stehen im Fokus der ersten Untersuchung die Personalkosten des Pflegedienstes. Als Bezugsgröße werden hier die Kosten pro PPR-Minute gewählt.[28] Im Modellkrankenhaus betragen die Kosten pro PPR-Minute für den Pflegedienst für die DRG G67D 0,52 €. Die durchschnittlichen PPR-Minuten pro Fall betragen 591,38 Minuten.[29]

Zur besseren Beurteilung dieser Kennzahlen werden diese mit den Kosten- und Leistungsdaten der Stichprobe verglichen. Tabelle 3.6 veranschaulicht die erhobenen Daten für den Pflegedienst auf der Normalstation.[30]

---

[20] Die Krankenhauskosten in Deutschland betragen insgesamt 77,1 Mrd. €, davon sind 45,8 Millionen den Personalkosten und 29,3 Millionen € den Sachkosten zuzurechnen, vgl. hierzu KU (2011, S. 6).

[21] Vgl. KU (2011, S. 6).

[22] Vgl. Zapp und Oswald (2009, S. 157).

[23] Vgl. Schmidt-Rettig und Westphely (1992, S. 1183).

[24] Vgl. Hildebrand (1988, S. 426).

[25] Vgl. Engelke und Riefenstahl (1985, S. 334) zitiert bei: Hildebrand (1988, S. 426).

[26] Vgl. Engelke und Riefenstahl (1985, S. 334) zitiert bei: Hildebrand (1988, S. 426).

[27] Da beispielsweise das Labor und die Küche outgesourct sind, entstehen hierfür keine Personalkosten. Stattdessen spiegeln sich diese Kosten in den Sachkosten wider.

[28] Vgl. Kalkulationshandbuch (2007, S. 132 f.).

[29] Vgl. Abschn. 3.2.1.

[30] Vgl. Tab. 3.5 und Abschn. 3.2.1.

Wie aus der Tabelle ersichtlich ist, lässt sich hinsichtlich der Kosten pro PPR-Minute
für den Pflegedienst ein Unterschied von 0,04 € feststellen. Das bedeutet, dass das Modellkrankenhaus einen Mehraufwand von 23,66 € pro Patient im Vergleich zur Stichprobe zu
verzeichnen hat. Der Mehraufwand errechnet sich wie folgt:

Mehraufwand = Differenz der Kosten pro Punkt Pflegedienst × Punkte pro Fall

Mehraufwand = $(0,52 - 0,48) \times 591,38$

Mehraufwand = 23,66

Ursachen für diese Differenz können zum einem in zu hohen Personalkosten und
zum anderen in einem unwirtschaftlichen Personaleinsatz, beispielsweise durch Überbesetzung, liegen.[31] Da, wie bereits in Abschn. 3.2.2 beschrieben, keine Vergleichsgröße
vorliegt, konnte keine weitere Untersuchung vorgenommen werden.

Mit Blick auf die durchschnittlichen PPR-Minuten ist festzustellen, dass das Modellkrankenhaus im Vergleich zum Mittelwert der Vergleichskrankenhäuser eine höhere Anzahl von PPR-Minuten aufweist. Die Differenz beträgt 34,32 Minuten. Die erhöhten PPR-
Minuten wirken sich durch einen Mehraufwand von 17,85 € im Bereich der Personalkosten
des Pflegedienstes aus. Dieser Wert errechnet sich aus folgender Formel:

Mehraufwand = Differenz der Punkte pro Fall × Kosten pro Punkt Pflegedienst

Mehraufwand = $(591,38 - 557,06) \times 0,52$

Mehraufwand = 17,85

Um die Ursachen für die Abweichungen der Punkte pro Fall näher zu untersuchen, werden zunächst die möglichen Einflussgrößen näher betrachtet. Wie bereits in Abschn. 3.2
erwähnt, stellen die Verweildauer und die Eingruppierung mögliche Einflussgrößen dar.
Die Eingruppierung könnte wiederum durch das Alter und den PCCL beeinflusst werden.
Im Folgenden werden diese drei Einflussgrößen Verweildauer, Alter und PCCL näher untersucht.

Als erster Anhaltspunkt für die höheren PPR-Minuten wird die durchschnittliche Verweildauer untersucht. Die durchschnittliche Verweildauer des Modellkrankenhauses liegt
für die DRG G67D bei 4,4 Tagen. Im Vergleich zum InEK, das als Durchschnitt 3,7 Tage an-
gibt, ist die Verweildauer um 0,7 Tage höher. Damit ergibt sich für das Modellkrankenhaus
folgendes Reduktionspotenzial.[32]

$$\text{Reduktionspotenzial} = \text{Fallzahl} \times (\text{VWD}_{BM} - \text{VWD}_{selbst})$$
$$226,8 = 324 \times (3,7 - 4,4)$$

Das bedeutet, dass das Modellkrankenhaus ein Potenzial zur Reduktion von 226,8 Be-
handlungstagen aufweist. Dieser Unterschied führt neben höheren stationären Behand-

---

[31] Vgl. Beck et al. (2006, S. 15 f.).
[32] Vgl. Bracht (2006, S. 58).

lungskosten[33] auch zu höheren PPR-Minuten. Dies liegt darin begründet, dass durch die tägliche Einstufung der Pflegetätigkeiten in einer der in Anhang 1 angegebenen Gruppen, die mit Minutenwerten hinterlegt sind, bei einer höheren Verweildauer auch ein höherer Minutenwert und somit ein höherer Pflegeaufwand entsteht.[34] Somit könnte die höhere Verweildauer eine Erklärung für die Abweichung darstellen. Bekräftigt wird diese Aussage durch die statistische Überprüfung des Zusammenhangs zwischen PPR-Minuten und Verweildauer sowie durch Befragungen vor Ort. Hinsichtlich des statistischen Zusammenhangs lässt sich feststellen, dass die Verweildauer eine Korrelation von 0,786 zu den PPR-Minuten aufweist. Ein Zusammenhang gilt als bestätigt, wenn der Betrag r > 0 und nahe der Zahl 1 liegt.[35] Demnach ist festzustellen, dass zwischen der Verweildauer und den PPR-Minuten eine mittlere Korrelation besteht.[36] Zur Verdeutlichung ist die grafische Darstellung dem Anhang 2 zu entnehmen.

Weitere Anhaltspunkte stellen Untersuchungen zum Patientenklientel dar. Wie bereits in Abschn. 2.2.3.1 beschrieben, liegt das Durchschnittsalter für Patienten der DRG G67D bei 62,4 Jahren. Dies spiegelt neben der demographischen Entwicklung[37] auch die Tatsache wider, dass aufgrund des zunehmenden Lebensalters das Risiko einer Krankenhausbehandlung steigt.[38] Hinsichtlich der Häufigkeitsverteilung in den Alterskategorien weist das Modellkrankenhaus im Vergleich zum InEK folgende Unterschiede, die in Tab. 3.7 abgebildet sind, auf.[39]

Bei näherer Betrachtung fällt auf, dass besonders in den Alterskategorien „65–74", „75–79" und „80 und älter" hohe negative Abweichungen vorhanden sind. Das bedeutet, dass das Modellkrankenhaus im Vergleich zum InEK in diesen Alterskategorien anteilig mehr Patienten behandelt und das Patientenklientel somit einen höheren Altersdurchschnitt aufweist. Dieser erhöhte Anteil könnte die Ursache für die höheren PPR-Minuten liefern, da sich bei Patienten mit steigendem Lebensalter neben einer kontinuierlichen Erhöhung der Verweildauer auch der durchschnittliche Pflegeaufwand erhöht.[40] Jedoch wurde in Gesprächen mit dem Oberarzt als auch mit dem Pflegedirektor des Modellkrankenhauses deutlich, dass das Alter keinen Einfluss auf die PPR-Minuten hat. Die errechnete schwache Korrelation von 0,475 bekräftigt diese Aussagen. Dennoch könnte es sein, dass das Modellkrankenhaus vermehrt solche Patienten behandelt, die einen hohen Pflegeaufwand benötigen. In diesem Zusammenhang und aufgrund des Gespräches mit dem Pflegedirektor wurde untersucht, ob sich der Anteil von Patienten, die in einem Alten- und Pflegeheim

---

[33] Vgl. Bracht (2006, S. 59).

[34] Vgl. Kaltwasser (2004, S. 142).

[35] Vgl. Bortz und Döring (2006, S. 732).

[36] Vgl. Fahrmeir et al. (2007, S. 138).

[37] Die absolute Zahl älterer Menschen steigt ebenso wie der relative Anteil älterer Menschen an der Gesamtbevölkerung, vgl. hierzu Ament-Rambow (2008, S. 18 f.).

[38] Vgl. Dennler (2009, S. 24).

[39] Vgl. Tab. 2.4 und Abb. 2.3; Vergleich zu den Haupt-, Nebendiagnosen und Prozeduren der DRG G 67 D.

[40] Vgl. Dennler (2009, S. 24).

Tab. 3.7 Vergleich der Häufigkeitsverteilung des Alters

Alter	Modellkrankenhaus		InEK	Abweichung
	Anzahl der Fälle	Anteil an Gesamtfallzahl	Anteil an Gesamtfallzahl	
< 28 Tage	0	0,00%	0,00%	0,00%
28 Tage - < 1 Jahr	0	0,00%	0,12%	0,12%
1-2 Jahre	0	0,00%	0,06%	0,06%
3-5 Jahre	0	0,00%	4,86%	4,86%
6-9 Jahre	0	0,00%	5,45%	5,45%
10-15 Jahre	1	0,31%	8,39%	8,08%
16-17 Jahre	1	0,31%	2,26%	1,95%
18-29 Jahre	33	10,19%	11,08%	0,89%
30-39 Jahre	21	6,48%	7,09%	0,61%
40-49 Jahre	31	9,57%	9,93%	0,36%
50-54 Jahre	22	6,79%	5,21%	-1,58%
55-59 Jahre	15	4,63%	5,20%	0,57%
60-64 Jahre	18	5,56%	4,82%	-0,74%
65-74 Jahre	83	25,62%	16,23%	-9,39%
75-79 Jahre	27	8,33%	6,28%	-2,05%
80 Jahre und älter	72	22,22%	13,03%	-9,19%
Summe	**324**	**100,00%**	**100,00%**	

untergebracht sind, im Modellkrankenhaus als auffällig hoch erweist. Diese Patienten verursachen unabhängig von ihrer Krankheit einen erhöhten Pflegeaufwand und könnten damit eine weitere Erklärung für die hohen PPR-Minuten darstellen. Mittels einer Stichprobe stellte sich heraus, dass sich die Vermutung nicht bestätigt. Lediglich 16 von 32 Patienten stammen aus einem Alten- und Pflegeheim. Zwar konnten im Vergleich zu den 16 Patienten, die nicht in einem Pflegeheim untergebracht sind, insgesamt höhere PPR-Minuten festgestellt werden, jedoch lässt sich mittels der Stichprobe nicht feststellen, dass das Modellkrankenhaus einen erhöhten Anteil von diesen Patienten behandelt.

Nach Aussage des Pflegedirektors des Modellkrankenhauses könnte auch die Schwere der Erkrankung Einfluss auf die Höhe der PPR-Minuten haben. Somit liegt der Fokus der weiteren Untersuchung sowohl auf den unterschiedlichen Schweregraden der Nebendiagnosen (PCCL) als auch auf konkreten Nebendiagnosen hinsichtlich ihres Patientenanteils. Bezüglich des PCCL ist im Vergleich zum InEK festzustellen, dass das Modellkrankenhaus einen höheren Anteil von Patienten mit einem PCCL von 2 und 3 aufweist (siehe Tab. 3.8).[41]

Dies bedeutet, dass das Modellkrankenhaus einen hohen Anteil an Patienten mit mittleren und schweren Komplikationen oder Begleiterkrankungen behandelt.[42] Jedoch ergibt

---

[41] Vgl. Tab. 2.3 und Abb. 2.3.
[42] Vgl. Schmidt-Rettig (2008, S. 410).

Tab. 3.8 Vergleich der Häufigkeitsverteilung des PCCL

PCCL	Modellkrankenhaus		InEK	Abweichung
	Anzahl der Fälle	Anteil an Gesamtfallzahl	Anteil an Gesamtfallzahl	
0	196	60,49%	69,33%	8,84%
1	2	0,62%	1,37%	0,75%
2	76	23,46%	17,77%	**-5,69%**
3	50	15,43%	11,52%	**-3,91%**
4	0	0,00%	0,00%	0,00%
Summe	324	100,00%	100,00%	

Tab. 3.9 Vergleich der Häufigkeitsverteilung der Nebendiagnosen

Code nach ICD-10-GM	Bezeichnung	Anzahl der Fälle	Anteil an Gesamtfallzahl	Anteil an Gesamtfallzahl	Abweichung
	Nebendiagnose			**Modellkrankenhaus** / **InEK**	
I10.00	Benigne essentielle Hypertonie: Ohne Angabe einer hypertensiven Krise	89	27,47%	20,20%	-7,27%
E86	Volumenmangel	87	26,85%	19,72%	-7,13%
E11.90	Nicht primär insulinabhängiger Diabetes mellitus [Typ-2-Diabetes]: Ohne Komplikationen: Nicht als entgleist bezeichnet	37	11,42%	7,51%	-3,91%
E87.6	Hypokaliämie	57	17,59%	6,07%	-11,52%
R11	Übelkeit und Erbrechen	15	4,63%	5,77%	1,14%
B96.81	Helicobacter pylori [H. pylori] als Ursache von Krankheiten, die in anderen Kapiteln klassifiziert sind	21	6,48%	5,57%	-0,91%
R10.4	Sonstige und nicht näher bezeichnete Bauchschmerzen	9	2,78%	5,53%	2,75%
Z29.0	Isolierung als prophylaktische Maßnahme	74	22,84%	5,08%	**-17,76%**
I10.90	Essentielle Hypertonie, nicht näher bezeichnet: Ohne Angabe einer hypertensiven Krise	3	0,93%	5,01%	4,08%
K44.9	Hernia diaphragmatica ohne Einklemmung und ohne Gangrän	5	1,54%	4,73%	3,19%
K21.0	Gastroösophageale Refluxkrankheit mit Ösophagitis	13	4,01%	4,65%	0,64%
K57.30	Divertikulose des Dickdarmes ohne Perforation, Abszess oder Angabe einer Blutung	13	4,01%	4,03%	0,02%
R10.1	Schmerzen im Bereich des Oberbauches	7	2,16%	3,81%	1,65%
Z03.8	Beobachtung bei sonstigen Verdachtsfällen	0	0,00%	3,55%	3,55%
K59.0	Obstipation	7	2,16%	3,35%	1,19%
K29.1	Sonstige akute Gastritis	17	5,25%	3,24%	-2,01%
K29.6	Sonstige Gastritis	1	0,31%	3,04%	2,73%
N39.0	Harnwegsinfektion, Lokalisation nicht näher bezeichnet	3	0,93%	2,80%	1,87%
Z92.1	Dauertherapie (gegenwärtig) mit Antikoagulanzien in der Eigenanamnese	5	1,54%	2,76%	1,22%
E03.9	Hypothyreose, nicht näher bezeichnet	7	2,16%	2,72%	0,56%

sich statistisch gesehen nur ein sehr schwacher Zusammenhang von 0,305[43] zwischen den PPR-Minuten und dem PCCL. Somit wird der PCCL als Ursache ausgeschlossen.

Wie schon in Abschn. 2.2.3.1 aufgeführt, hat das Modellkrankenhaus mehrere Nebendiagnosen zu der DRG G67D kodiert. Im Vergleich zum Anteil der vom InEK aufgeführten Nebendiagnosen ergibt sich das in Tab. 3.9 dargestellte Bild.[44]

---

[43] Vgl. Fahrmeir et al. (2007, S. 138).

[44] Vergleich zu den Haupt-, Nebendiagnosen und Prozeduren der DRG G 67 D, Quelle: InEK(2011b) o. S. Online im Internet.

Tab. 3.10 Vergleich der Häufigkeitsverteilung der Hauptdiagnose A09

Hauptdiagnose		Modellkrankenhaus		InEK	
Code nach ICD-10-GM	Bezeichnung	Anzahl der Fälle	Anteil an Gesamtfallzahl	Anteil an Gesamtfallzahl	Abweichung
A09	Diarrhoe und Gastroenteritis, vermutlich infektiösen Ursprungs	77	23,77%	23,26%	-0,51%

Bei näherer Betrachtung wird deutlich, dass insbesondere der Anteil der Nebendiagnose Z29.0 „Isolierung als prophylaktische Maßnahme" mit 22,84 % im Vergleich zum InEK (5,08 %) als sehr hoch zu bewerten ist. Da es bei der DRG G67D nicht unüblich ist, Patienten zu isolieren und sich das Modellkrankenhaus streng an den Vorschriften des Bundesinfektionsschutzgesetz orientiert, könnte der Grund für die erhöhte Anzahl an sogenannten Isolierpatienten einerseits im unterschiedlichen Patientenklientel oder andererseits in der Dokumentationsqualität der Kalkulationskrankenhäuser liegen.

Eine Erklärung für die hohe Anzahl an Isolierungen könnte der hohe Anteil der Hauptdiagnose A09 liefern. Patienten mit dieser Hauptdiagnose sind zu 80 % als infektiös einzustufen und müssen deshalb isoliert werden. Der Vergleich mit dem InEK ist in Tab. 3.10 dargestellt.[45]

Im Vergleich zum InEK ist der Anteil von 23,77 % nur gering höher.

Bezüglich der Dokumentationsqualität der Kalkulationskrankenhäuser ist anzumerken, dass die Nebendiagnose Z29.0 nicht erlösrelevant ist. Somit liegt die Vermutung nahe, dass die anderen an der Kalkulation teilnehmenden Krankenhäuser diese Nebendiagnose nicht kodieren und deshalb ein geringerer Anteil im DRG-Report-Browser des InEK zu verzeichnen ist.

Aufgrund der Tatsache, dass eine Isolierung zu einem erhöhten Pflegeaufwand und somit neben erhöhten PPR-Minuten auch zu höheren Kosten im Bereich der Pflege und der Sachkosten führt, erweist sich der hohe Isolieranteil als ein weiterer Anhaltspunkt für die Abweichungen im Pflegedienst auf der Normalstation. Die Vermutung, dass durch das Vorhalten einer Isolierstation im Modellkrankenhaus ein zusätzlicher Aufwand durch spezielle Schulungen und somit auch höhere Kosten im Pflegedienst als bei anderen Krankenhäusern entstehen, konnte nicht bestätigt werden. Die Pflegekräfte werden laut dem Pflegedirektor nicht speziell geschult.

Vor dem Hintergrund, dass Patienten nicht nur älter, sondern auch multimorbider werden[46], könnten weitere Nebendiagnosen zu einem erhöhten pflegerischen Aufwand führen. So wird aufgrund der Zunahme von chronischen Krankheiten, wie z. B. Diabetes mellitus und der Zunahme von dementen Patienten, sowie der daraus entstehenden zunehmenden medizinischen und pflegerischen Belastung, die Notwendigkeit einer qualifizierten prozessorientierten Behandlung von chronischen Krankheiten aber auch die bessere Ver-

---

[45] Vgl. Tab. 2.5; Vergleich zu den Haupt-, Nebendiagnosen und Prozeduren der DRG g 67 D, Quelle: InEK (2011b), o. S., online im Internet.

[46] Vgl. P.E.G. (2011, S. 73).

Tab. 3.11 Vergleich der Häufigkeitsverteilung der Nebendiagnose Diabetes mellitus

Nebendiagnose		Modellkrankenhaus		InEK	
Code nach ICD-10-GM	Bezeichnung	Anzahl der Fälle	Anteil an Gesamtfallzahl	Anteil an Gesamtfallzahl	Abweichung
E11.90	Nicht primär insulinabhängiger Diabetes mellitus [Typ-2-Diabetes]: Ohne Komplikationen: Nicht als entgleist bezeichnet	37	11,42%	7,51%	-3,91%
E11.20	Nicht primär insulinabhängiger Diabetes mellitus [Typ-2-Diabetes]: Mit Nierenkomplikationen: Nicht als entgleist bezeichnet	4	1,23%	< 2,72%	-
E11.40	Nicht primär insulinabhängiger Diabetes mellitus [Typ-2-Diabetes]: Mit neurologischen Komplikationen: Nicht als entgleist bezeichnet	1	0,31%	< 2,72%	-
E11.41	Nicht primär insulinabhängiger Diabetes mellitus [Typ-2-Diabetes]: Mit neurologischen Komplikationen: Als entgleist bezeichnet	1	0,31%	< 2,72%	-
E11.91	Nicht primär insulinabhängiger Diabetes mellitus [Typ-2-Diabetes]: Ohne Komplikationen: Als entgleist bezeichnet	1	0,31%	< 2,72%	-
Summe		44	13,58%		

Erläuterungen

Im DRG-Report-Browser werden lediglich die 20 häufigsten Nebendiagnosen abgebildet. Der geringste Wert beträgt 2,72 %. Dementsprechend liegen die darauffolgenden Nebendiagnosen unter diesem Wert.

sorgungsqualität dementer Patienten in der Fachliteratur diskutiert.[47] Die Tatsache, dass diese Nebendiagnosen einen erhöhten Pflegeaufwand bewirken, wurde auch in Gesprächen bestätigt. Deshalb werden im Folgenden die Nebendiagnosen Diabetes mellitus und Demenz näher betrachtet. Zunächst wird das Krankheitsbild Diabetes hinsichtlich seiner Fallzahl und des Anteils an der Gesamtfallzahl näher untersucht und mit den von dem InEK aufgeführten Nebendiagnosen verglichen. Tabelle 3.11 dient dabei als Grundlage.[48]

Die Nebendiagnose Diabetes weist bei der DRG G67D einen Gesamtfallzahlanteil von 13,58 % auf. Davon sind 11,42 % auf die Nebendiagnose E11.90 zurückzuführen. Diese Nebendiagnose wird in dem DRG-Report-Browser des InEK mit einem Anteil von 7,51 % aufgeführt. Somit ist auffällig, dass der Wert des Modellkrankenhauses einen erhöhten Gesamtfallanteil aufweist und somit als Ursache für die erhöhten PPR-Minuten in Betracht kommen könnte.

Im Hinblick auf die Nebendiagnose „Demenz" ergibt sich folgender Vergleich (siehe Tab. 3.12):[49]

Die Nebendiagnose „Demenz" macht einen Anteil von 8,04 % an der Gesamtfallzahl aus. Es wird deutlich, dass das Modellkrankenhaus im Vergleich zum InEK bei der Nebendiagnose F03 „Nicht näher bezeichnete Demenz" einen höheren Anteil aufweist und die Patienten dementsprechend einen höheren Pflegeaufwand benötigen. Die Differenz beträgt mindestens 2,53 %. Das bedeutet, dass das Modellkrankenhaus mindestens 8 Patienten zusätzlich mit der Nebendiagnose F03 behandelt. Diese Differenz sollte nicht unterschätzt werden, da demente Patienten einen erheblichen Einfluss auf die medizinische und pfle-

---

[47] Vgl. Stoffers (2009, S. 38 f.); vgl. Branin und Schenke (2009, S. 40 f.); vgl. Angerhausen (2009, S. 44 f.); vgl. von Dollen (2009, S. 48 ff.); vgl. Freter (2009, S. 47); vgl. Micklefield (2008, S. 66 f.).

[48] Vergleich zu den Haupt-, Nebendiagnosen und Prozeduren der DRG G 67 D, Quelle: InEK (2011b), o. S., online im Internet.

[49] Vergleich zu den Haupt-, Nebendiagnosen und Prozeduren der DRG G 67 D, Quelle: InEK (2011b), o. S., online im Internet.

Tab. 3.12 Vergleich der Häufigkeitsverteilung der Nebendiagnose Demenz

Nebendiagnose		Modellkrankenhaus		InEK	
Code nach ICD-10-GM	Bezeichnung	Anzahl der Fälle	Anteil an Gesamtfallzahl	Anteil an Gesamtfallzahl	Abweichung
F03	Nicht näher bezeichnete Demenz	17	5,25%	< 2,72%	-
F00.1	Demenz bei Alzheimer-Krankheit, mit spätem Beginn (Typ 1)	2	0,62%	< 2,72%	-
F01.8	Sonstige vaskuläre Demenz	2	0,62%	< 2,72%	-
F01.3	Gemischte kortikale und subkortikale vaskuläre Demenz	1	0,31%	< 2,72%	-
F02.2	Demenz bei Chorea Huntington	1	0,31%	< 2,72%	-
F02.8	Demenz bei anderenorts klassifizierten Krankheitsbildern	1	0,31%	< 2,72%	-
G30.1	Alzheimer-Krankheit mit spätem Beginn	2	0,62%	< 2,72%	-
Summe		26	8,04%		

Erläuterungen

Im DRG-Report-Browser werden lediglich die 20 häufigsten Nebendiagnosen abgebildet. Der geringste Wert beträgt 2,72 %. Dementsprechend liegen die darauffolgenden Nebendiagnosen unter diesem Wert.

gerische Belastung haben.[50] Somit kann auch diese Nebendiagnose eine mögliche Ursache für die erhöhten PPR-Minuten darstellen.

Zur weiteren Analyse der Ursachen der erhöhten Anzahl an PPR-Minuten ist es sinnvoll zu untersuchen, ab welcher Anzahl von PPR-Minuten die Gesamtkosten des Pflegedienstes nicht gedeckt werden können. Mithilfe der Break-Even-Analyse werden im Folgenden die Fälle herausgefiltert, die eine nicht kostendeckende Anzahl von PPR-Minuten aufweisen. Diese werden schließlich einer näheren Betrachtung unterzogen.

Unter der Annahme, dass die Kosten pro PPR-Minute des Modellkrankenhauses gegeben sind, kann nachfolgende Berechnung zur Ermittlung des Break-Even-Points durchgeführt werden.[51] Dabei spiegeln die Soll-Kosten die Erlöse wider.[52]

$$E(x_0) = K(x_0)$$
$$E(x_0) = \text{Erlöse}$$
$$K(x_0) = \text{Kosten}$$

Demnach weist das Modellkrankenhaus folgende Gleichsetzungsfunktion auf.

$$293,44 = 0,52 \times \text{PPR-Minuten}$$
$$\text{PPR-Minuten} = \frac{293,44}{0,52} = 564,31$$

Wie aus der Rechnung ersichtlich, spiegeln die 293,44 € die Erlöse wider, die das Modellkrankenhaus für einen Fall der DRG G67D im Kostenmodul „Pflegedienst auf Normalsta-

---

[50] Vgl. Stoffers (2009, S. 38 f.); vgl. Branin und Schenke (2009, S. 40 f.); vgl. Angerhausen (2009, S. 44 f.); vgl. von Dollen (2009, S. 48 ff.); vgl. Freter (2009, S. 47); vgl. Micklefield (2008, S. 66 f.).
[51] Vgl. Schweitzer und Küpper (2008, S. 495 f.).
[52] Vgl. Abschn. 2.2.3.1.

Tab. 3.13 Ausgewählte Fallbeispiele für die Einzelfallanalyse

Fall	PPR-Minuten	Verweildauer [in Tagen]	Einstufung
Fall265	646	3	A2, S2
Fall214	655	3	A2, S2
Fall162	946	4	A3, S2

tion" erzielt. Diese werden mit den Kosten pro Punkt von 0,52 € gleichgesetzt. Somit ergibt sich ein Break-Even-Point von 564,31 PPR-Minuten. Das bedeutet, dass bei 564,31 PPR-Minuten das Modellkrankenhaus noch kostendeckend arbeitet. Ab 564,31 PPR-Minuten werden die Kosten des Pflegedienstes auf der Normalstation nicht mehr gedeckt.[53]

Da jedoch die Kosten pro Punkt mit 0,52 € über den der Stichprobe mit 0,48 € liegen und das Krankenhaus diesen Wert anstreben sollte, wird im Folgenden die Berechnung nochmals mit dem Wert von 0,48 € durchgeführt. Demnach ergibt sich folgende Rechnung:

$$293,44 = 0,48 \times \text{PPR-Minuten}$$

$$\text{PPR-Minuten} = \frac{293,44}{0,48} = 611,33$$

Gelingt es dem Modellkrankenhaus die Kosten pro Punkt für den Pflegedienst um 0,04 € zu senken, so liegt der Break-Even-Point bei 611,33 PPR-Minuten und somit circa 47 Minuten höher. Da jedoch der angestrebte Wert von 0,48 € pro Minute zu diesem Zeitpunkt noch nicht erreicht ist, wird für die weitere Betrachtung der Wert von 564,31 PPR-Minuten berücksichtigt.

Auf Grundlage der zuvor durchgeführten Rechnung werden die Patienten herausgefiltert, die über den Wert von 564,31 PPR-Minuten liegen. Die PPR-Minuten werden aufgrund der festgestellten mittleren Korrelation zur Verweildauer der Verweildauer gegenübergestellt. Bei der Untersuchung von insgesamt 133 Fällen ist auffällig, dass manche Patienten, die eine hohe Anzahl an PPR-Minuten aufweisen, eine auffällig geringe Verweildauer verzeichnen. Um diese Auffälligkeit näher zu analysieren, wurden zu drei Beispielfällen Patientenakten beschafft und mit dem Pflegedirektor besprochen. Diese drei Fälle wurden mithilfe der zugrunde liegenden Berechnung des Pflegeaufwandes einer Einzelfallanalyse unterzogen (siehe Tab. 3.13).

Der Pflegedirektor überprüfte diese drei Fälle hinsichtlich ihrer PPR-Einstufung. Dabei stellte sich bei der Dokumentationsanalyse folgendes heraus:

---

[53] Vgl. Schweitzer und Küpper (2008, S. 495 f.).

Tab. 3.14   Ergebnis der Einzelfallanalyse

Fall	Ergebnis	korrigierte Einstufung	korrigierte PPR-Minuten
Fall265	Falsche Einstufung	A1, S1	316
Fall214	Falsche Einstufung	A1, S2	346
Fall162	Richtige Einstufung		946

Wie aus Tab. 3.14 ersichtlich wird, wurde bei Fall 265 und Fall 214 eine zu hohe Eingruppierung vorgenommen. Das bedeutet, dass die hohen PPR-Minuten-Werte nicht stimmen. So liegt entsprechend einer richtigen Einstufung der Minutenwert bei Fall 265 bei 316 Minuten anstatt bei 646 Minuten. Dies macht einen Unterschied von 330 Minuten aus. Auch im zweiten Fall 214 ist durch die falsche PPR-Einstufung ein Unterschied von 309 Minuten festzustellen. Da es sich jedoch nur um eine „kleine" Stichprobe handelt und gezielt solche Fälle ausgewählt wurden, die hohe PPR-Minuten bei geringer Verweildauer aufweisen, kann die falsche Eingruppierung nicht als Hauptursache für die hohen PPR-Minuten herangezogen werden.

Zusammenfassend können für das Kostenmodul „Personalkosten des Pflegedienstes auf der Normalstation" als Ursachen zum einen die erhöhten Kosten pro PPR-Minute herangezogen werden. Zum anderen kommen als mögliche Anhaltspunkte die zu hohe Verweildauer von 4,4 Tagen, die untersuchten Nebendiagnosen „Demenz", „Diabetes" und „Isolierung als prophylaktische Maßnahme" sowie die falsche Eingruppierung in Betracht.

3.3.2   Analyse der Personalkosten des Pflegedienstes auf der Intensivstation

Wie bereits in Abschn. 3.2 beschrieben, können die Ursachen für die negativen Abweichungen der Personalkosten des Pflegedienstes auf der Intensivstation zum einen in den durchschnittlichen Intensivstunden pro Fall oder bzw. und zum anderen in den Kosten pro Intensivstunde liegen. Um die Ursachen näher untersuchen zu können, wurden auch hier Vergleichswerte von Krankenhäusern, die ebenfalls an der Kalkulation der Relativgewichte teilnehmen, erhoben. Tabelle 3.15 stellt die erhobenen Kosten- und Leistungsdaten aus der Stichprobe den entsprechenden Daten des Modellkrankenhauses gegenüber.[54]

Aus der Tabelle wird ersichtlich, dass sowohl die (gewichteten) Intensivstunden pro Fall als auch die (gewichteten) Kosten pro Intensivstunde höher sind als der Mittelwert der Stichprobe. Da die Zurechnung der Kosten der Intensivstation auf den Patienten auf der

---

[54] Vgl. Tab. 3.5.

Tab. 3.15 Abweichungen der Kosten- und Leistungsdaten im Pflegedienst auf der Intensivstation

Erhobene Daten	Vergleichskrankenhäuser		Stichprobe	Modell-krankenhaus
Intensivstation	Intensivstunden pro Fall		0,32	2,24
	Kosten pro Intensivstunde (Modul 2.2) [in Euro]		12,40	17,55
	gew. Intensivstunden pro Fall		0,16	2,24
	Kosten pro gew. Intensivstunde (Modul 2.2) [in Euro]		12,73	16,33
	AnteilIntensivpatienten		1,01%	12,04%

Grundlage einer gewichteten Bezugsgrößenkalkulation erfolgt, werden im Folgenden nur die gewichteten Größen betrachtet.[55]

Im Durchschnitt fallen 0,16 gewichtete Intensivstunden pro Fall an. Das Modellkrankenhaus weist hingegen einen Wert von 2,24 Stunden pro Fall auf. Dieser erhöhte Anteil von 2,08 Stunden pro Fall wirkt sich durch einen Mehraufwand von 33,97 € pro Fall im Bereich der Personalkosten des Pflegedienstes aus. Der Mehraufwand errechnet sich wie folgt:

Mehraufwand = Differenz der gew. Intensivstunden × Kosten pro gew. Intensivstunde

Mehraufwand = $(2,24 - 0,16) \times 16,33$

Mehraufwand = 33,97

Bezieht man diesen Wert auf alle Normallieger der DRG G67D, so ergibt sich ein Mehraufwand von 11.006 €.

Die erhöhten Intensivstunden pro Fall können zwei Ursachen haben. Entweder ist der Anteil der Intensivpatienten an der Gesamtfallzahl zu hoch oder die Liegedauer auf der Intensivstation ist zu lang.[56] Um die Ursache aufzudecken, wurde zusätzlich der Anteil der Intensivpatienten erhoben. Dieser liegt im Durchschnitt bei etwa 1 %. Im Modellkrankenhaus wurden hingegen 12,04 % der Fälle (39 von 324 Fällen) intensivmedizinisch betreut. Wird der Wert der Stichprobe zugrunde gelegt, so dürfte das Modellkrankenhaus lediglich 3–4 Patienten mit der DRG G67D in einem Jahr auf die Intensivstation verlegen.

Der erhöhte Anteil an Intensivpatienten könnte auf die Fallschwere der Patienten der DRG G67D zurückgeführt werden.[57] Wie in Abschn. 3.3.1 beschrieben wurde, weist das Modellkrankenhaus im Vergleich zum InEK einen höheren Anteil von Patienten mit einem PCCL von 2 und 3 auf. Somit ist der durchschnittliche PCCL des Modellkrankenhauses (0,94) höher als der des InEK (0,71) (siehe Tab. 3.16). Der Zusammenhang zwischen der Notwendigkeit zur Verlegung auf die Intensivstation und dem PCCL kann durch den Ver-

---

[55] Vgl. Kalkulationshandbuch (2007, S. 139).
[56] Vgl. Pfeuffer und Beck (2008, S. 49 f.).
[57] Vgl. Solidaris (2011, S. 6).

Tab. 3.16 Vergleich der Mittelwerte des PCCL

	Modellkrankenhaus		InEK	Abweichung
	Intensiv	Nicht-intensiv		
Mittelwert	0,94		0,71	-0,23
PCCL	1,49	0,86		

Tab. 3.17 Vergleich der Häufigkeitsverteilung der Nebendiagnosen Nierenversagen und Volumen-mangel

Nebendiagnose		Modellkrankenhaus		InEK	Abweichung
Code nach ICD-10-GM	Bezeichnung	Anzahl der Fälle	Anteil an Gesamtfallzahl	Anteil an Gesamtfallzahl	
N18.89	Chronische nicht-terminale Niereninsuffizienz, Stadium nicht näher bezeichnet	1	0,31%	< 2,72%	-
N18.0	Terminale Niereninsuffizienz	2	0,62%	< 2,72%	-
N18.84	Chronische Niereninsuffizienz, Stadium IV	3	0,93%	< 2,72%	-
N18.83	Chronische Niereninsuffizienz, Stadium III	4	1,23%	< 2,72%	-
E86	Volumenmangel	87	26,85%	19,72%	-7,13%

Erläuterungen
Im DRG-Report-Browser werden lediglich die 20 häufigsten Nebendiagnosen abgebildet. Der geringste Wert beträgt 2,72 %. Dementsprechend liegen die darauffolgenden Nebendiagnosen unter diesem Wert.

gleich der Mittelwerte des PCCL zwischen Intensiv- und Nichtintensivpatienten untersucht werden. Die Tab. 3.16 stellt die Mittelwerte des PCCL gegenüber.[58]

Wie aus der Tabelle ersichtlich, weisen die Intensivpatienten einen höheren durch-schnittlichen PCCL (1,49) auf als Nichtintensivpatienten (0,86). Somit könnte der erhöhte Anteil an Intensivpatienten durch die Fallschwere begründet sein.

Um weitere Gründe für den hohen Anteil der Intensivpatienten ausfindig zu machen, wurden Gespräche mit einem Oberarzt der Inneren Medizin, einem Assistenzarzt der Inne-ren Medizin, der Bereichsleitung der Intensivstation und dem Medizincontroller geführt. Darüber hinaus wurde eine Assistenzärztin eines anderen Krankenhauses zu diesem The-ma befragt.

Typische Symptome, die zu einer Einweisung auf die Intensivstation führen können, betreffen unter anderem das Bewusstsein, den Kreislauf, die Atmung oder die Elektrolyte. In den Gesprächen wurden zudem die Nebendiagnosen Nierenversagen (N17–N19) und Volumenmangel (E86) genannt, die einen Intensivaufenthalt veranlassen können. Wie aus Tab. 3.17 ersichtlich wird, waren 10 Patienten an einer Niereninsuffizienz und 87 Patienten an einem Volumenmangel erkrankt.[59]

---

[58] Vgl. Abb. 2.3.

[59] Vergleich zu den Haupt-, Nebendiagnosen und Prozeduren der DRG G 67 D, Quelle: InEK (2011b), o. S., online im Internet.

Tab. 3.18 Vergleich der Häufigkeitsverteilung der Patienten mit Blutungen

Hauptdiagnose		Modellkrankenhaus		InEK	
Code nach ICD-10-GM	Bezeichnung	Anzahl der Fälle	Anteil an Gesamtfallzahl	Anteil an Gesamtfallzahl	Abweichung
K92.2	Gastrointestinale Blutung, nicht näher bezeichnet	12	3,70%	1,70%	-2,00%
K57.31	Divertikulose des Dickdarmes ohne Perforation oder Abszess, mit Blutung	3	0,93%	< 0,74%	-

Erläuterungen
Im DRG-Report-Browser werden lediglich die 20 häufigsten Hauptdiagnosen abgebildet. Der geringste Wert beträgt 0,74 %. Dementsprechend liegen die darauffolgenden Hauptdiagnosen unter diesem Wert.

Bezüglich der Niereninsuffizienz kann nicht die Aussage getroffen werden, dass das Modellkrankenhaus mehr Patienten mit dieser Erkrankung betreut als die Kalkulationskrankenhäuser. Anders ist es bei der Nebendiagnose „Volumenmangel". Hier weist das Modellkrankenhaus einen Wert von 26,85 % auf. Im DRG-Report-Browser wird hingegen ein Wert von 19,72 % angegeben. Dies bedeutet, dass das Modellkrankenhaus durchschnittlich mehr Patienten (87 Patienten vs. 64 Patienten) betreut, die an einem Volumenmangel erkrankt sind. Eine nähere Betrachtung der Intensivpatienten hat jedoch ergeben, dass die Nebendiagnose „Volumenmangel" lediglich bei 3 Intensivpatienten kodiert wurde. Somit rechtfertigt diese Nebendiagnose nicht den erhöhten Anteil an Intensivpatienten.

Patienten, die Blut absetzen oder erbrechen, können ebenfalls intensivpflichtig werden. Die Hauptdiagnosen führen vor allem dann zu einem Intensivaufenthalt, wenn die Ursache unbekannt ist und der Patient nachts aufgenommen wird. In der Nacht (16:00 Uhr bis 7:00 Uhr) werden nur Notfalluntersuchungen in der Endoskopie erbracht. Deshalb erfolgt die Untersuchung der Patienten mit Blutungen in der Regel erst am nächsten Tag. Als Vorsichtsmaßnahme werden sie deshalb mindestens solange intensivmedizinisch betreut, bis die Ursache bekannt ist. Eine Analyse der Hauptdiagnosen hat ergeben, dass 15 Patienten der DRG G67D Blutungen hatten. Wie aus der Tab. 3.18 ersichtlich wird, wurden im Modellkrankenhaus im Vergleich zum InEK mehr Fälle mit den Hauptdiagnosen K92.2 und K57.31 behandelt.[60]

Von den 15 Patienten mit Blutungen mussten 6 Patienten intensivmedizinisch betreut werden. 4 Patienten wurden außerhalb der offiziellen „Öffnungszeiten" der Endoskopie aufgenommen (Tab. 3.19).

Die Analyse zeigt, dass das Modellkrankenhaus mehr Patienten mit Blutungen betreut als die an der Kalkulation teilnehmenden Krankenhäuser. Diese Tatsache könnte in einem kleinen Umfang dazu beitragen, den erhöhten Anteil an Intensivpatienten im Modellkrankenhaus zu erklären. Dennoch kann diese Feststellung nicht die Hauptursache sein.

---

[60] Vergleich zu den Haupt-, Nebendiagnosen und Prozeduren der DRG G 67 D, Quelle: InEK (2011b), o. S., online im Internet.

Tab. 3.19 Intensivpatienten mit Blutungen

Fall	Hauptdiagnose Code nach ICD-10-GM	Hauptdiagnose Bezeichnung	Aufnahme-zeit
Fall125	K92.2	Gastrointestinale Blutung, nicht näher bezeichnet	10:30:00
Fall146	K57.31	Divertikulose des Dickdarmes ohne Perforation oder Abszess, mit Blutung	**16:00:00**
Fall196	K57.31	Divertikulose des Dickdarmes ohne Perforation oder Abszess, mit Blutung	**21:30:00**
Fall239	K92.2	Gastrointestinale Blutung, nicht näher bezeichnet	13:55:00
Fall278	K92.2	Gastrointestinale Blutung, nicht näher bezeichnet	**22:30:00**
Fall280	K57.31	Divertikulose des Dickdarmes ohne Perforation oder Abszess, mit Blutung	**23:05:00**

Häufig finden sich unter den Intensivpatienten übergewichtige Patienten und Alkoholiker. An Adipositas bzw. Überernährung (E65–E68) waren 3 Patienten, davon 1 Intensivpatient erkrankt. Somit kann auch diese Nebendiagnose nicht ausschlaggebend für die hohe Anzahl an Intensivpatienten sein. Psychische und Verhaltensstörungen durch Alkohol (F10) konnten bei 10 Patienten, davon 6 Intensivpatienten festgestellt werden. Tabelle 3.20 zeigt, welche Kodierungen innerhalb des Dreistellers vorgenommen wurden.[61]

Da keine dieser Nebendiagnosen unter die 20 häufigsten Nebendiagnosen des InEK fällt, werden diese nicht im DRG-Report-Browser aufgeführt. Auch im Modellkrankenhaus ist der Anteil an der Gesamtfallzahl sehr gering, sodass nicht davon auszugehen ist, dass das Modellkrankenhaus mehr Alkoholkranke behandelt als andere Kalkulationskrankenhäuser. Abgesehen hiervon ist es fraglich, ob mehr Alkoholiker erhöhte Intensivaufenthalte rechtfertigen.

Die Entscheidung, ob eine intensive Überwachung, Pflege und Behandlung notwendig ist, erfolgt nicht nach festgeschriebenen, allgemeingültigen Regeln. Die Kriterien, wann ein Patient auf die Intensivstation verlegt wird, werden krankenhausindividuell festgelegt.[62] Ein Anhaltspunkt für den erhöhten Anteil an Intensivpatienten könnte sein, dass die Kriterien im Modellkrankenhaus niedriger sind als in anderen Krankenhäusern.

Zusammenfassend lässt sich sagen, dass der Grund für den erhöhten Anteil an Intensivpatienten sowohl in der Patientenstruktur bzw. dem Patientenklientel als auch in der internen Struktur und Organisation der Inneren Medizin liegen könnte. Innerhalb der

---

[61] Vergleich zu den Haupt-, Nebendiagnosen und Prozeduren der DRG G 67 D, Quelle: InEK (2011b), o. S., online im Internet.
[62] Vgl. Hamp und Weidenauer (2010, S. 58).

Tab. 3.20 Vergleich der Häufigkeitsverteilung der Nebendiagnose Psychische Störungen durch Alkohol

Nebendiagnose		Modellkrankenhaus		InEK	
Code nach ICD-10-GM	Bezeichnung	Anzahl der Fälle	Anteil an Gesamtfallzahl	Anteil an Gesamtfallzahl	Abweichung
F10.0	Psychische und Verhaltensstörungen durch Alkohol: Akute Intoxikation (akuter Rausch)	6	1,85%	< 2,72%	-
F10.1	Psychische und Verhaltensstörungen durch Alkohol: Schädlicher Gebrauch	1	0,31%	< 2,72%	-
F10.2	Psychische und Verhaltensstörungen durch Alkohol: Abhängigkeitssyndrom	6	1,85%	< 2,72%	-
F10.3	Psychische und Verhaltensstörungen durch Alkohol: Entzugssyndrom	1	0,31%	< 2,72%	-
F10.4	Psychische und Verhaltensstörungen durch Alkohol: Entzugssyndrom mit Delir	1	0,31%	< 2,72%	-

Erläuterungen
Im DRG-Report-Browser werden lediglich die 20 häufigsten Nebendiagnosen abgebildet. Der geringste Wert beträgt 2,72 %. Dementsprechend liegen die darauffolgenden Nebendiagnosen unter diesem Wert.

DRG G67D werden im Modellkrankenhaus vermehrt solche Patienten behandelt, die einen hohen PCCL aufweisen. Zudem deuteten mehrere Gesprächspartner unabhängig voneinander darauf hin, dass die Hemmschwelle bzw. Kriterien einen Patienten auf die Intensivstation zu verlegen im Modellkrankenhaus niedriger seien als in anderen Krankenhäusern. In anderen Krankenhäusern werden Patienten mit der DRG G67D in der Regel nicht intensivmedizinisch betreut.

Die zweite Variable, die Kosten pro gewichtete Intensivstunde für den Pflegedienst, weist ebenfalls eine deutliche Kostenabweichung auf. Im Modellkrankenhaus verursacht eine Intensivstunde 16,33 € im Bereich der Personalkosten des Pflegedienstes. Der Mittelwert der Stichprobe liegt hingegen bei 12,73 €.[63] Der Grund für die negative Kostenabweichung von 3,60 € liegt entweder darin, dass die Personalkosten des Pflegedienstes zu hoch sind oder dass zu viele Pflegekräfte auf der Intensivstation tätig sind. Der Verwaltungsleiter sieht den zweitgenannten Grund als wahrscheinlicher an. Er begründet dies damit, dass das Modellkrankenhaus nicht über eine sogenannte Intermediate Care (IMC)[64] verfügt. Eine Intermediate Care verursacht im Vergleich zur Intensivstation aufgrund des niedrigeren Personalschlüssels geringere Personalkosten.[65] Folglich hält das Modellkrankenhaus personelle pflegerische Ressourcen auf der Intensivstation vor, die nicht zwingend erforderlich sind. Zudem ist die räumliche Struktur der Intensivstation suboptimal. Das Modellkrankenhaus verfügt trotz der geringen Größe über zwei Intensivstationen. Dies führt zu einer

---

[63] Vgl. Tab. 3.15.

[64] Eine Intermediate Care stellt eine Versorgungseinheit dar, die zwischen der Intensivstation und der Normalstation angesiedelt ist, vgl. Becker et al. (2006, S. 335).

[65] Vgl. Becker et al. (2006, S. 338).

Tab. 3.21 Abweichungen der Kosten- und Leistungsdaten in der Endoskopie

Erhobene Daten	Vergleichskrankenhäuser	Stichprobe	Modell-krankenhaus
Endoskopie	Punkte pro Fall [nach GOÄ]	1208,37	2037,04
	Kosten pro Punkt (Modul 8.1) [in Euro]	0,02	0,03
	Kosten pro Punkt (Modul 8.6a) [in Euro]	0,03	0,01

eingeschränkten Flexibilität des Pflegepersonals, sodass mehr Pflegepersonal vorgehalten werden muss.[66]

3.3.3 Analyse der Personalkosten des Ärztlichen Dienstes und der Sachkosten übriger medizinischer Bedarf in der Endoskopie

Neben der Normal- und Intensivstation weist auch die Endoskopie eine negative Abweichung auf. Hiervon sind insbesondere die Kostenartengruppe 1 „Personalkosten Ärztlicher Dienst" und die Kostenartengruppe 6a „Sachkosten übriger medizinischer Bedarf" betroffen.[67]

Werden die Personalkosten des Ärztlichen Dienstes über alle Kostenstellen betrachtet, so weisen sie in der Summe einen positiven Wert auf.[68] Somit liegt es nahe, dass die Personalkosten des Ärztlichen Dienstes im Rahmen der Personalkostenverrechnung nicht verursachungsgerecht auf die direkten Kostenstellen verteilt wurden. Die Personalkostenverrechnung erfolgt im Modellkrankenhaus auf Grundlage der geschätzten anteiligen Inanspruchnahme der Mitarbeiter in den einzelnen Kostenstellen. Im Jahr 2009 wurden der Endoskopie 2,5 Vollkräfte zugeordnet. Nach Rücksprache mit dem Oberarzt der Inneren Medizin kann nicht von einem Fehler in der Personalkostenverrechnung ausgegangen werden. In der Endoskopie seien mindestens 2,5 Vollkräfte des Ärztlichen Dienstes tätig.

Um tiefer in die Ursachenforschung einzusteigen, wurden auch hier die in die Kalkulation einfließenden Kosten- und Leistungsdaten des Modellkrankenhauses und der Vergleichskrankenhäuser erhoben (siehe Tab. 3.21).[69]

Aus Tab. 3.21 wird ersichtlich, dass die Kosten pro Punkt für den Ärztlichen Dienst in der Endoskopie im Modellkrankenhaus geringfügig über den Kosten der Stichprobe liegen. Dieses kann mehrere Ursachen haben. Die erste mögliche Ursache könnte sein, dass für die erbrachten Punkte zu viele Ärzte in der Endoskopie tätig sind. Andererseits könnte der Umfang der in der Endoskopie tätigen Ärzte gerechtfertigt, aber nicht alle durchgeführten Untersuchungen erfasst worden sein. Diese Ursache wurde in einem Gespräch mit

---

[66] Vgl. Becker et al. (2006, S. 337 f.).
[67] Vgl. Tab. 3.1 und 3.2.
[68] Vgl. Tab. 3.1 und 3.2.
[69] Vgl. Tab. 3.5.

der Controllerin des Modellkrankenhauses genannt und gilt somit als bestätigt. Eine dritte Ursache könnte darin liegen, dass das durchschnittliche Gehalt der Ärzte zu hoch ist. Das durchschnittliche Gehalt der Ärzte wird wiederrum durch die Qualifikation der angestellten Ärzte beeinflusst.

Ein Assistenzarzt verdient wesentlich weniger als ein Chef- oder Oberarzt.[70] Eventuell weist die Fachabteilung „Innere Medizin" einen höheren Anteil an Oberärzten auf als Vergleichskrankenhäuser.

Die Differenz von 0,01 € wirkt sich durch einen Mehraufwand von 20,37 € aus. Dieser Wert errechnet sich wie folgt:

Mehraufwand = Differenz der Kosten pro Punkt Ärztlicher Dienst × Punkte pro Fall

Mehraufwand = (0,03 − 0,02) × 2037,04

Mehraufwand = 20,37

Bei den Kosten pro Punkt für die Sachkosten übrigen medizinischen Bedarfs liegt das Modellkrankenhaus mit 0,01 € unter dem Mittelwert der Stichprobe (0,03 €). Das bedeutet, dass die Kostenabweichungen nicht durch den Verbrauch und Preis der Sachmittel verursacht worden sein können.

Werden die durchschnittlichen Punkte miteinander verglichen, so wird deutlich, dass das Modellkrankenhaus rund 829 Punkte pro Fall mehr erbringt als die Stichprobe. Dieses spiegelt sich durch einen Mehraufwand von rund 25 € in den Personalkosten des Ärztlichen Dienstes und rund 8 € in den Sachkosten übrigen medizinischen Bedarfs wider.

Mehraufwand = Differenz der Punkte pro Fall × Kosten pro Punkt Ärztlicher Dienst

Mehraufwand = (2037,04 − 1208,37) × 0,03

Mehraufwand = 24,86

Mehraufwand = Differenz der Punkte pro Fall × Kosten pro Punkt Sachkosten

Mehraufwand = (2037,04 − 1208,37) × 0,01

Mehraufwand = 8,29

Die erhöhten Punkte pro Fall deuten darauf hin, dass zu viele endoskopische Leistungen angefordert werden. Bestätigt wird diese Behauptung durch den Vergleich der prozentualen Werte des InEK mit denen des Modellkrankenhauses (siehe Tab. 3.22).[71]

Anhand der Top 10 der Endoskopie ist zu erkennen, dass das Modellkrankenhaus im Vergleich zu den an der Kalkulation teilnehmenden Krankenhäusern jede endoskopische Leistung öfter durchführt.

Auch durch Gespräche konnte diese Feststellung bestätigt werden. Die Fachabteilung „Innere Medizin" ist in diesem Bereich großzügig und fordert generell viele endoskopische

---

[70] Vgl. Krämer (2010, S. 25).
[71] Vgl. Tab. 2.7; Vergleich zu den Haupt-, Nebendiagnosen und Prozeduren der DRG G 67 D, Quelle: InEK (2011b), o. S., online im Internet.

Tab. 3.22 Vergleich der Häufigkeitsverteilung der Top-10-Prozeduren der Endoskopie

Prozeduren		Modellkrankenhaus		InEK	
Code nach OPS 2009	Bezeichnung	Anzahl der Fälle	Anteil an Gesamtfallzahl	Anteil an Gesamtfallzahl	Abweichung
1-632	Diagnostische Ösophagogastroduodenoskopie	218	67,28%	42,00%	-25,28%
1-440.a	Endoskopische Biopsie an oberem Verdauungstrakt, Gallengängen und Pankreas: 1-5 Biopsien am oberen Verdauungstrakt	103	31,79%	26,66%	-5,13%
1-650.1	Diagnostische Koloskopie: Total, bis Zäkum	62	19,14%	8,10%	-11,04%
1-650.2	Diagnostische Koloskopie: Total, mit Ileoskopie	47	14,51%	12,08%	-2,43%
1-444.6	Endoskopische Biopsie am unteren Verdauungstrakt: Stufenbiopsie	37	11,42%	5,34%	-6,08%
1-440.9	Endoskopische Biopsie an oberem Verdauungstrakt, Gallengängen und Pankreas: Stufenbiopsie am oberen Verdauungstrakt	36	11,11%	6,01%	-5,10%
1-444.7	Endoskopische Biopsie am unteren Verdauungstrakt: 1-5 Biopsien	21	6,48%	5,79%	-0,69%
1-650.0	Diagnostische Koloskopie: Partiell	7	2,16%	1,27%	-0,89%
1-642	Diagnostische retrograde Darstellung der Gallen- und Pankreaswege	4	1,23%	< 0,89%	-
1-651	Diagnostische Sigmoideoskopie	4	1,23%	< 0,89%	-

Erläuterungen
Im DRG-Report-Browser werden lediglich die 20 häufigsten Prozeduren abgebildet. Der geringste Wert beträgt 0,89 %. Dementsprechend liegen die darauffolgenden Prozeduren unter diesem Wert.

Leistungen an. Das bedeutet, dass die Hemmschwelle im Modellkrankenhaus niedriger ist als in anderen Krankenhäusern.

Ob und welche endoskopischen Leistungen erbracht werden, ist unter anderem davon abhängig, welche Hauptdiagnose der Patient aufweist. Werden die 10 häufigsten Hauptdiagnosen und endoskopischen Leistungen betrachtet, so werden durchschnittlich 1,94 Endoskopien pro Fall erbracht. Die Hauptdiagnose K29.1 liegt mit 2,29 Endoskopien pro Fall über dem Durchschnitt. Gleichzeitig wurden mehr Patienten mit dieser Hauptdiagnose im Jahr 2009 im Modellkrankenhaus behandelt (Differenz: 11,80 %). Die zweitgrößte Abweichung weist die Hauptdiagnose K59.0 auf. Diese Hauptdiagnose wurde im Modellkrankenhaus um 7,64 % seltener kodiert als von den an der Kalkulation teilnehmenden Krankenhäusern. Patienten mit dieser Hauptdiagnose bekamen hingegen durchschnittlich nur 1,23 Endoskopien (siehe Tab. 3.23[72] und 3.24). Somit liegt es nahe, dass das Modellkrankenhaus mehr Patienten mit den Hauptdiagnosen behandelt, die mehr endoskopische

[72] Vgl. Tab. 2.5; Vergleich zu den Haupt-, Nebendiagnosen und Prozeduren der DRG G 67 D, Quelle: InEK (2011b), o. S., online im Internet.

Tab. 3.23 Vergleich der Häufigkeitsverteilung der Top-10-Hauptdiagnosen

Hauptdiagnose		Modellkrankenhaus		InEK	Abweichung
Code nach ICD-10-GM	Bezeichnung	Anzahl der Fälle	Anteil an Gesamtfallzahl	Anteil an Gesamtfallzahl	
K29.1	Sonstige akute Gastritis	65	20,06%	8,26%	-11,80%
K21.0	Gastroösophageale Refluxkrankheit mit Ösophagitis	30	9,26%	5,18%	-4,08%
K29.3	Chronische Oberflächengastritis	14	4,32%	1,86%	-2,46%
K29.5	Chronische Gastritis, nicht näher bezeichnet	17	5,25%	2,97%	-2,28%
K92.2	Gastrointestinale Blutung, nicht näher bezeichnet	12	3,70%	1,70%	-2,00%
R13.9	Sonstige und nicht näher bezeichnete Dysphagie	6	1,85%	0,79%	-1,06%
A09	Diarrhoe und Gastroenteritis, vermutlich infektiösen Ursprungs	77	23,77%	23,26%	-0,51%
K29.6	Sonstige Gastritis	6	1,85%	3,02%	1,17%
K52.9	Nichtinfektiöse Gastroenteritis und Kolitis, nicht näher bezeichnet	34	10,49%	13,53%	3,04%
K59.0	Obstipation	13	4,01%	11,65%	7,64%

Tab. 3.24 Top-10-Prozeduren der Endoskopie nach Hauptdiagnosen

Code nach ICD-10-GM	Bezeichnung	Nennungen pro Fall										Summe
		1-632	1-440.a	1-650.1	1-650.2	1-444.6	1-440.9	1-444.7	1-650.0	1-642	1-651	
K29.1	Sonstige akute Gastritis	1,02	0,43	0,22	0,18	0,12	0,18	0,08	0,02	0,03	0,02	2,29
K21.0	Gastroösophageale Refluxkrankheit mit Ösophagitis	1,27	0,50	0,10	0,20	0,03	0,10	0,07	0,00	0,00	0,00	2,27
K29.3	Chronische Oberflächengastritis	0,93	0,50	0,36	0,14	0,07	0,43	0,14	0,07	0,00	0,00	2,64
K29.5	Chronische Gastritis, nicht näher bezeichnet	0,94	0,65	0,12	0,29	0,35	0,12	0,00	0,06	0,12	0,00	2,65
K92.2	Gastrointestinale Blutung, nicht näher bezeichnet	1,00	0,08	0,33	0,17	0,17	0,00	0,25	0,08	0,00	0,25	2,33
R13.9	Sonstige und nicht näher bezeichnete Dysphagie	0,67	0,17	0,00	0,00	0,17	0,00	0,00	0,00	0,00	0,00	1,00
A09	Diarrhoe und Gastroenteritis, vermutlich infektiösen Ursprungs	0,19	0,09	0,04	0,06	0,05	0,06	0,03	0,00	0,00	0,00	0,53
K29.6	Sonstige Gastritis	0,83	0,83	0,33	0,17	0,17	0,00	0,33	0,00	0,00	0,00	2,67
K52.9	Nichtinfektiöse Gastroenteritis und Kolitis, nicht näher bezeichnet	0,56	0,32	0,18	0,18	0,26	0,18	0,06	0,06	0,00	0,00	1,79
K59.0	Obstipation	0,38	0,23	0,31	0,23	0,08	0,00	0,00	0,00	0,00	0,00	1,23
Durchschnitt		0,78	0,38	0,20	0,16	0,15	0,11	0,10	0,03	0,01	0,03	1,94

Tab. 3.25 Gegenüberstellung der endoskopischen Leistungen im Modellkrankenhaus und der Ergebnisse der Befragung

Prozedur / Hauptdiagnose	1-632 Befragung	1-632 Modell-KH	1-440.a Befragung	1-440.a Modell-KH	1-650.1 Befragung	1-650.1 Modell-KH	1-650.2 Befragung	1-650.2 Modell-KH	1-444.6 Befragung	1-444.6 Modell-KH	1-440.9 Befragung	1-440.9 Modell-KH	1-444.7 Befragung	1-444.7 Modell-KH
K29.1 Sonstige akute Gastritis	X	X	X	O										
K21.0 Gastroösophageale Refluxkrankheit mit Ösophagitis	X	X	X	X								O		
K29.3 Chronische Oberflächengastritis	X	X	X	X		O								
K29.5 Chronische Gastritis, nicht näher bezeichnet	X	X	X	X				O		O				
K92.2 Gastrointestinale Blutung, nicht näher bezeichnet	X	X				O								O
R13.9 Sonstige und nicht näher bezeichnete Dysphagie	X	X	X											
A09 Diarrhoe und Gastroenteritis, vermutlich infektiösen Ursprungs														
K29.6 Sonstige Gastritis	O	X		X		O								
K52.9 Nichtinfektiöse Gastroenteritis und Kolitis, nicht näher bezeichnet		X		O	O				O					
K59.0 Obstipation		O				O								

Legende

X	Die Untersuchung wird in der Regel durchgeführt (Nennungen pro Fall ≥ 0,5)
O	Die Untersuchung wird gelegentlich durchgeführt (0,5 > Nennungen pro Fall ≥ 0,25)
"leer"	Die Untersuchung wird in der Regel nicht durchgeführt (Nennungen pro Fall < 0,25)

Leistungen beanspruchen. Um diese Hypothese zu belegen, wurde statistisch geprüft, ob eine lineare Korrelation zwischen den Abweichungen und den durchschnittlichen Endoskopien je nach Hauptdiagnose besteht. Die Korrelation weist einen Wert von 0,37 auf.[73] Da der Wert kleiner als 0,5 ist, liegt hier eine schwache Korrelation vor.[74] Somit kann nicht eindeutig bestätigt werden, dass das Modellkrankenhaus vermehrt Fälle mit den Hauptdiagnosen behandelt, die mehr endoskopische Leistungen erfordern.

Um beurteilen zu können, bei welchen Hauptdiagnosen das Modellkrankenhaus zu viele endoskopische Leistungen anfordert, wurde eine unabhängige Assistenzärztin eines anderen Krankenhauses befragt. Der Tab. 3.25 ist zu entnehmen, dass bei den meisten Hauptdiagnosen ein gemeinsames Verständnis über die durchzuführenden endoskopischen Leistungen herrscht. Deshalb kann keine Hauptdiagnose genannt werden, bei der das Modellkrankenhaus zu viele endoskopische Leistungen durchführt. Stattdessen erbringt das Krankenhaus unabhängig von der Hauptdiagnose zu viele Untersuchungen.

Zusammenfassend lässt sich sagen, dass der Grund für die negativen Kostenabweichungen in den Kostenartengruppen „Personalkosten Ärztlicher Dienst" und „Sachkosten übriger medizinischer Bedarf" der Endoskopie in erster Linie in der hohen Anzahl endoskopischer Leistungen liegt. Es konnten keine Besonderheiten in der Patientenstruktur festgestellt werden, die eine überhöhte Anzahl von Endoskopien rechtfertigen. Vielmehr sind die Ursachen in dem Anforderungsverhalten der Endoskopie zu finden. Darüber hinaus sind die Kosten pro Punkt im Ärztlichen Dienst zu hoch.

---

[73] Der Berechnung wurden die Werte aus Tab. 3.23 und 3.24 zugrunde gelegt.
[74] Vgl. Fahrmeir et al. (2007, S. 138).

Implementationsmöglichkeiten: Umsetzungshinweise und kritische Würdigung

4

4.1 Handlungsempfehlungen für die Umsetzung

Die dritte Phase des der Studie zugrunde gelegten Benchmarking-Prozesses ist die Umsetzung. Für die Umsetzung sollen an dieser Stelle Handlungsempfehlungen gegeben werden, die sich aus den Ergebnissen der Analyse ableiten lassen. In der Abb. 4.1 sind die Ergebnisse überblickartig zusammengefasst.

Die Ursachen der Abweichungen liegen sowohl in den Leistungs- als auch in den Kostendaten begründet. Das Ziel der Handlungsempfehlungen ist es, Anregungen zu geben, die zur Beseitigung der Abweichungen führen. Bevor jedoch Empfehlungen gegeben werden können, stellt sich zunächst die Frage, ob die ermittelten Ursachen generelle Probleme der Fachabteilung „Innere Medizin" darstellen oder lediglich die DRG G67D betreffen.

Die Fachabteilung „Innere Medizin" hat im Jahr 2009 rund 3000 Normallieger behandelt. Betrachtet man die in Tab. 4.1 dargestellten Abweichungen für einen Patienten, so sind die Abweichungen nahezu Null. Somit kann gesagt werden, dass die in der Analyse ermittelten Ursachen keine grundsätzlichen Probleme der Fachabteilung „Innere Medizin" darstellen, sondern insbesondere die DRG G67D betreffen. Diese DRG ist in erster Linie für die negativen Abweichungen in Tab. 4.1 verantwortlich.

Der erste Gedanke, das Leistungsspektrum der Fachabteilung „Innere Medizin" zu überarbeiten mit dem Ziel, die Leistungsmenge der DRG G67D zu reduzieren, muss verworfen werden. Die DRG G67D gehört zur Grundversorgung eines jeden Krankenhauses. Zudem zeichnet sich das Modellkrankenhaus durch den Bereich der Endoskopie aus und hebt sich hierdurch von konkurrierenden Krankenhäusern ab. Aufgrund des Schwerpunktes der Inneren Medizin werden Patienten mit dieser Diagnose bevorzugt in das Modellkrankenhaus eingewiesen. Somit ist diese Leistung wichtig für das Image des Krankenhauses.

Für das erste untersuchte Kostenmodul „**Personalkosten des Pflegedienstes auf der Normalstation**" wurden im vorherigen Abschn. 3.3.1 und wie in Tab. 4.1 dargestellt, drei Ursachen für die negativen Abweichungen in der Höhe der PPR-Minuten identifiziert.

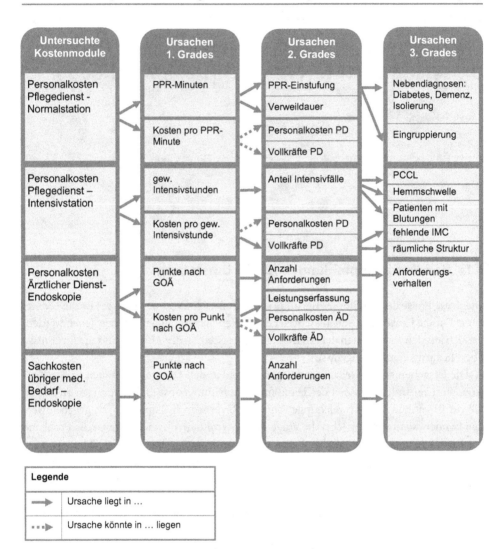

Abb. 4.1 Ergebnisse der Analyse (eigene Darstellung)

Tab. 4.1 Kostenabweichungen der Inneren Medizin ohne Bereinigung

Kostenart / Kostenstelle		Personalkosten Ärztlicher Dienst	Personalkosten Pflegedienst	Personalkosten med. tech. Dienst/ Funktionsdienst	Sachkosten Arzneimittel	Sachkosten Arzneimittel Einzelkosten	Sachkosten Implantate/ Transplantate	Sachkosten übriger med. Bedarf	Sachkosten übriger med. Bedarf Einzelkosten	Personal- und Sachkosten med. Infrastruktur	Personal- und Sachkosten nicht med. Infrastruktur	Gesamt
		1	2	3	4a	4b	5	6a	6b	7	8	
Normalstation	1	167	-83	41	26	33	0	49	-1	110	-101	241
Intensivstation	2	-77	-275	10	42	-1	0	-64	0	-17	-59	-442
Dialyseabteilung	3	0	1	0	0	0	0	1	1	0	0	3
OP-Bereich	4	16	0	15	1	0	5	7	-30	5	11	29
Anästhesie	5	15	0	8	1	0	0	3	0	1	3	32
Kreißsaal	6	0	0	0	0	0	0	0	0	0	0	0
Kardiolog. Diagn./ Therapie	7	11	0	13	1	0	15	7	5	5	9	66
Endoskop. Diagn./ Therapie	8	-66	0	-23	2	0	5	-22	7	-30	6	-122
Radiologie	9	32	0	32	1	2	1	15	-84	20	42	61
Laboratorien	10	26	0	150	5	-2	0	121	-189	15	68	193
Übrige diagn./ therap. Bereiche	11	104	6	22	2	0	0	4	14	18	13	184
Gesamt		228	-351	268	80	33	27	120	-278	127	-8	246

Erläuterungen
- Angaben in €.
- Aufgrund der geringen Bedeutung der Nachkommastellen werden aus Vereinfachungsgründen lediglich ganze Zahlen dargestellt.

Demnach besteht für die Bereiche Verweildauer, PPR-Eingruppierung und Nebendiagnosen Handlungs- und Optimierungsbedarf.

Aufgrund der Tatsache, dass jeder zusätzliche Behandlungstag Kosten verursacht[1], wird dem Modellkrankenhaus empfohlen, hinsichtlich der zu hohen Verweildauer von 4,4 Tagen[2] eine Verweildauerkürzung anzustreben. Ziel-Verweildauer wäre somit maximal die von dem InEK vorgegebene kostendeckende durchschnittliche Verweildauer von 3,7 Tagen.[3] Um eine Verweildauerkürzung anzustreben, bedarf es grundsätzlich einer Verweildauerlenkung.[4] Das bedeutet, dass beispielsweise durch das zeitnahe Übermitteln von lenkungsrelevanten Informationen und abrechnungsrelevanten Daten die Verweildauer beeinflusst und auch eine Reduzierung der Verweildauer erreicht werden kann.[5] Somit gehören zu den wesentlichen Elementen der Verweildauerlenkung sowohl die Steuerung der Behandlungsprozesse als auch das zeitgerechte und schnelle Kodieren. Hinsichtlich des Behandlungsprozesses könnten Maßnahmen in den Bereichen der Aufnahme, Behandlung und Entlassung durchgeführt werden. So sollten beispielsweise eine ausreichende Informationsübermittlung durch den zuweisenden Arzt erfolgen, die notwendigen Diagnostik- und Behandlungsschritte ausreichend standardisiert und vorausschauend geplant sowie die Entlassungstermine frühzeitig festgelegt und vorbereitet werden.[6] Um eine ausreichende Transparenz über die Ist-Situation der Patienten bezüglich der Erlöse sowie der aktuellen und der Ziel-Verweildauer während des Aufenthalts zu gewährleisten, verfügt das Modellkrankenhaus bereits über ein im Krankenhausinformationssystem etabliertes „Ampelsystem". Dieses Ampelsystem wird in der Patientenakte angewendet und informiert das ärztliche und pflegerische Personal mittels Farben über den Stand der aktuellen Verweildauer des Patienten. Während die Farbe „grün" aussagt, dass sich der Patient innerhalb der durchschnittlichen Verweildauer bewegt, deutet die Farbe „rot" an, dass sich die Verweildauer in den kritischen Bereich außerhalb der Verweildauer bewegt. Dieses Ampelsystem wird bereits in anderen Fachabteilungen erfolgreich eingesetzt, jedoch nicht in der Fachabteilung „Innere Medizin". Die Autoren empfehlen der Fachabteilung daher, das bereits vorhandene System zu nutzen. Damit eine zeitnahe Kodierung erfolgt, besteht die Möglichkeit der „Online-Kodierung". Das bedeutet, dass am Tag der Aufnahme bereits eine Hypothesen-DRG im System angelegt wird und die Ärzte über das Zielentlassungsdatum informiert werden. Anhand von tagesaktuellen DRG-Daten aus dem System kann das ärztliche Personal die Verweildauer gemäß der vorgegebenen durchschnittlichen Verweildauer lenken und die notwendigen diagnostischen Maßnahmen und Eingriffe daran ausrichten. Durch das zeitgerechte und richtige Kodieren und die Nähe von Kodierenden und Dokumentierenden wird eine Steigerung der Dokumentations- und Kodierquali-

---

[1] Vgl. Bracht (2006, S. 56).
[2] Vgl. Abschn. 3.3.1.
[3] Vgl. Abschn. 3.3.2.
[4] Vgl. Bracht (2006, S. 56).
[5] Vgl. Berger (2010, S. 3).
[6] Vgl. Berger (2010, S. 3).

tät erreicht und somit auch eine verbesserte Liquiditäts- aber auch Erlössituation je Fall geschaffen.[7]

Wie im Gespräch mit dem Oberarzt deutlich wurde, handelt es sich bei der DRG G67D um eine DRG, die schwer in den Abläufen zu standardisieren ist. Aufgrund dieser Tatsache und um die Transparenz für das ärztliche und pflegerische Personal hinsichtlich der Verweildauer und das rechtzeitige und richtige Kodieren zu gewährleisten, wird dem Modellkrankenhaus empfohlen einen Fallbegleiter einzusetzen. Der Fallbegleiter stellt eine Mischung zwischen einem Case Manager[8] und einer Kodierfachkraft[9] dar. Die primäre Aufgabe des Fallbegleiters liegt darin, die Kodierung eines Falles über den gesamten Aufenthalt zu überwachen. Dabei hält dieser engen Kontakt zu den Ärzten und dem Pflegepersonal und ist bei Visiten und Übergaben anwesend. Des Weiteren zählt zu den Aufgaben des Fallbegleiters die Beratung und Unterstützung bei der Kodierung. Das bedeutet, dass der Fallbegleiter die bisher durchgeführte Kodierung überprüft, während der Behandlung eine Hypothesen-DRG ermittelt und abschließend nach Entlassung des Patienten die Kodierung anhand der Patientenakte komplettiert. Somit ergeben sich durch die prospektive DRG-Ermittlung neben der zeitnahen Kodierung auch Möglichkeiten zur Verweildauerlenkung.[10]

Sollte das Modellkrankenhaus die Verweildauer senken, so ist es wichtig, dass die frei werdenden stationären und pflegerischen Kapazitäten durch eine Fallzahlsteigerung ausgelastet werden. Ist eine Fallzahlsteigerung nicht möglich, so sollten die nicht mehr benötigten Betten auch nicht mehr betrieben und kostenrechnerisch berücksichtigt werden.[11] Der Bettenabbau geht folglich mit einem Personalabbau einher. Diese Kosteneinsparungspotentiale könnten den Einsatz eines Fallbegleiters gegenfinanzieren. Weiterhin ist zu bedenken, dass eine Verkürzung der Behandlungsphasen einen Kostenaufbau in anderen Bereichen zur Folge haben könnte. Das bedeutet insbesondere mit Blick auf die DRG G67D, dass sowohl ein erhöhter Aufwand an Koordination als auch eine notwendige Erhöhung der Kapazitäten in diagnostischen Bereichen wie der Endoskopie aufgrund des höheren Durchlaufes entstehen kann.[12] Andererseits könnten jedoch auch durch eine straffere Organisation der Prozesse und einer damit einhergehenden Reduzierung der Leerlaufzeiten Kosten eingespart werden.[13] Deshalb sollte bei einer Verweildauerkürzung eine Kosten-Nutzen-Betrachtung erfolgen.

---

[7] Vgl. Berger (2010, S. 5).

[8] Die Aufgabenschwerpunkte eines Casemangers bzw. des Casemanagements liegen bei Fragen des Aufnahmemanagements, der Belegungssteuerung und in der internen Prozessoptimierung im Krankenhaus, vgl. Ribbert-Elias (2006, S. 137); vgl. Berger (2010, S. 4 ff.).

[9] Die Kodierfachkraft überprüft und korrigiert gegebenenfalls die durchgeführte Primärkodierung des je nach festgelegter Zuständigkeit beauftragten Arztes, vgl. Kinnebrock und Overhamm (2009, S. 134 f.).

[10] Vgl. Kinnebrock und Overhamm (2009, S. 135).

[11] Vgl. Hansen und Gloer (2004, S. 172 f.); vgl. Bracht (2006, S. 59 f.).

[12] Vgl. Bracht (2006, S. 60).

[13] Vgl. Zapp (2008, S. 264 f.).

Darüber hinaus wird dem Modellkrankenhaus empfohlen, die tatsächlichen Verweildauern der Top-10-DRGs den Zielverweildauern im Berichtswesen gegenüberzustellen. Diese Informationen versetzen die Ärzte in die Lage, Verbesserungsmöglichkeiten zu erkennen und diese langfristig zu beheben.

Im Hinblick auf das vorliegende Benchmarking wird dem Modellkrankenhaus empfohlen, sich einem tiefergreifenden Benchmarking mit anderen Kalkulationshäusern zu unterziehen. Dabei sollten insbesondere die verweildauerabhängigen Prozesse und Abläufe verglichen werden. Da das Modellkrankenhaus Mitglied eines Verbundes ist, empfiehlt es sich, ein Krankenhaus des Verbundes auszuwählen. Hier gestaltet sich der Informations- und Datenaustausch mit großer Wahrscheinlichkeit einfacher und offener. Jedoch sollte hierbei beachtet werden, dass beim Vergleich auch wirklich gleiche Fälle verglichen werden.[14] Aufgrund der Anwendung von unterschiedlichen Behandlungsmethoden einer Erkrankung können unter der gleichen DRG unterschiedliche Behandlungsfälle zusammengefasst werden. Im Hinblick auf die Verweildaueranalyse bedeutet das, dass sich diese Behandlungsmethoden auch in einer unterschiedlichen Verweildauer widerspiegeln. Um einer negativen Beeinflussung der Aussagekraft der Verweildaueranalyse entgegenzuwirken, ist es zudem wichtig, dass das zu vergleichende Krankenhaus eine übereinstimmende Dokumentationsqualität aufweist.[15]

Zusammenfassend kann gesagt werden, dass sich das Ziel einer Verweildauerkürzung durch geeignete Lenkungsinstrumente umsetzen lässt. Dabei berücksichtigt die Lenkung der Verweildauer sowohl Leistungs- und Kostenaspekte als auch Erlös- und Qualitätsaspekte. Zudem wird die Steuerung der Behandlungsprozesse beeinflusst. Die Steuerung dieser Prozesse kann wiederum eine Verweildauerkürzung bewirken. Aufgrund der Tatsache, dass die Lenkung des Behandlungsverlaufs im Zuständigkeitsbereich der leitenden Ärzte liegt, sollte die Lenkung der Verweildauer auf der Ebene der Fachabteilungen und somit in der Fachabteilung „Innere Medizin" des Modellkrankenhauses ansetzen.[16]

Hinsichtlich der in der Analyse aufgedeckten falschen PPR-Eingruppierung der Patienten[17] wird dem Modellkrankenhaus empfohlen, zunächst weitere Fälle auf ihre Richtigkeit zu überprüfen und ggf. schließlich entsprechende Schulungsmaßnahmen des pflegerischen Personals durchzuführen.

Für die in der Analyse untersuchten Nebendiagnosen der DRG G67D „Demenz", „Diabetes" und „Isolierung als prophylaktische Maßnahme"[18] sollten Arbeitsgruppen gebildet werden. Die Arbeitsgruppen sollten aus Pflegekräften und ggf. einem externen Experten bestehen. Ziel sollte es sein, die bestehenden Arbeitsprozesse und Strukturen zu überprüfen, zu optimieren und neu zu gestalten.

---

[14] Vgl. Bracht (2006, S. 58).
[15] Vgl. Bracht (2006, S. 58 f).
[16] Vgl. Bracht (2006, S. 53 ff).
[17] Vgl. Tab. 3.14 in Abschn. 3.3.1.
[18] Vgl. Abschn. 3.3.1.

Um die Kostenabweichungen im Bereich der **Personalkosten des Pflegedienstes** auf der **Intensivstation** beseitigen zu können, muss näher untersucht werden, warum so viele Patienten der DRG G67D intensivmedizinisch betreut werden mussten. Es empfiehlt sich, eine ärztliche Arbeitsgruppe zu bilden, die einzelne Fälle kritisch analysiert und hinterfragt, ob ein Intensivaufenthalt gerechtfertigt war. An dieser Stelle ist zu überprüfen, ob die Kriterien bzw. die Hemmschwelle, einen Patienten auf die Intensivstation zu verlegen, passend und zeitgemäß sind oder ob diese überarbeitet werden müssen. Um dieses beurteilen zu können, empfehlen die Autoren auch hier tiefer in das Thema Benchmarking einzusteigen. Alle an diesem Benchmarking teilnehmenden Krankenhäuser weisen einen geringeren Anteil an Intensivpatienten aus. Mit einem dieser Krankenhäuser sollte Kontakt aufgenommen werden, um mit diesem in ein tiefergehendes Benchmarking einzusteigen. Empfehlenswert ist es, die Abläufe vor Ort zu besichtigen und sich gegenseitig zu besuchen.[19] Auch hier empfiehlt es sich, ein Krankenhaus des Verbundes auszuwählen.

Wird der Anteil der Intensivpatienten reduziert, bedeutet dies ein Anstieg der Kosten auf der Normalstation. Somit besteht auf der Normalstation ein doppelter Handlungsbedarf. Zudem ist zu berücksichtigen, dass die freiwerdenden Kapazitäten auf der Intensivstation eine Engpassplanung auf der Normalstation erfordern. Das bedeutet, dass die Festlegung der Planbelegung auf der Normalstation unter Berücksichtigung dieser Gegebenheiten erfolgen sollte.[20] Die freigewordenen Betten auf der Intensivstation könnten wiederrum abgebaut oder durch andere Fachabteilungen genutzt werden. Diese Tatsache ist im Rahmen der Reduzierung der Intensivaufenthalte zu berücksichtigen.

Die Kosten im Bereich der **Endoskopie** können dadurch gesenkt werden, dass weniger Leistungen angefordert werden. Das Ziel muss es sein, die Ärzte der Fachabteilung „Innere Medizin" stärker in die wirtschaftliche Verantwortung einzubinden. Die Ärzte sollten dazu angehalten werden, medizinische Entscheidungen verstärkt auf ihre medizinische Notwendigkeit hin zu überprüfen und möglicherweise überflüssige Maßnahmen zu unterlassen.[21]

Das Leistungsmanagement trägt dazu bei, dieses Ziel zu erreichen. Unter Leistungsmanagement wird das Zusammenspiel der Lenkungsdimensionen Planung, Umsetzung und Kontrolle der Patientenbehandlung verstanden.[22] Das Leistungsmanagement kann sich auf die Ebene der Primärleistung und auf die Ebene der Sekundärleistung beziehen. Die erste Ebene beinhaltet die Festlegung des Leistungsspektrums, d. h. Art und Menge der zu erbringenden Leistungen. Die zweite Ebene bilden die Art, Struktur, Qualität und Umfang der medizinischen und pflegerischen Teilleistungen[23], die zur Behandlung eines Falles notwendig sind.[24] Die Teilleistungen werden durch den Verantwortlichen (z. B. Chefarzt)

---

[19] Vgl. Pfeuffer und Beck (2008, S. 50).

[20] Vgl. Zapp et al. (2010, S. 62).

[21] Vgl. Grün (2007, S. 33 ff).

[22] Vgl. Zapp und Oswald (2009, S. 70 ff).

[23] Hierzu gehören z. B. Röntgen- und Laboruntersuchungen oder definierte ärztlich-pflegerische Maßnahmen, vgl. Bracht (2006, S. 46).

[24] Vgl. Zapp und Oswald (2009, S. 71); vgl. Bracht (2006, S. 46).

der Klinik beeinflusst, sei es direkt durch seine Weisungsbefugnis, indirekt durch seine Vorbildfunktion oder durch formale Weiterbildung jüngerer Ärzte.[25] Die zweite Ebene ist diejenige, die den Bereich der Endoskopie betrifft.

Zur Umsetzung des Leistungsmanagements muss zunächst das Ist-Portfolio der erbrachten endoskopischen Leistungen innerhalb der DRG G67D ermittelt werden. Im zweiten Schritt muss der Soll-Zustand definiert werden.[26] Hierbei müssen Kosten- und Qualitätsziele abgewogen und kritisch und objektiv diskutiert werden. Hierbei ist zu bedenken, dass Kosten und Qualität der Versorgung in keinem fixen Verhältnis zueinander stehen, denn nicht jede Einschränkung endoskopischer Leistungen führt zwangsläufig zu einer Qualitätsverschlechterung.[27] Um dieses beurteilen zu können, eignet es sich auf medizinische Leitlinien der Fachgesellschaften[28], auf Ergebnisse der evidenzbasierten Medizin und auf Festlegungen anderer Krankenhäuser zurückzugreifen.[29] Durch die Abweichung zwischen Soll- und Ist-Zustand ergibt sich der Lenkungsbedarf. Dieser Lenkungsbedarf sollte in Form von Kennzahlen im Rahmen eines Berichtwesens kommuniziert werden. Es eignet sich die Kennzahl „durchschnittliche Endoskopieleistungen der TOP-10-DRGs der Fachabteilung ‚Innere Medizin' in GOÄ-Punkten" im Berichtswesen abzubilden. Der stetige Soll-Ist-Vergleich kann zu einem veränderten Anordnungsverhalten führen.[30]

Neben der Darstellung der erbrachten GOÄ-Punkte für die TOP-10-DRGs ist es auch sinnvoll, interne Verrechnungspreise im Berichtswesen abzubilden. Hierdurch wird den Leistungsanforderern bewusst gemacht, dass innerbetriebliche Leistungen ebenso Kosten verursachen wie von externen Anbietern erbrachte Leistungen. Neben der Entwicklung eines derartigen Bewusstseins, können mithilfe von Verrechnungspreisen auch die Auswirkungen eines geänderten Anforderungsverhaltens zahlenmäßig in Geldeinheiten kommuniziert werden.[31] Dabei sollten die angeforderten Leistungen nicht mit den Ist-Kosten, sondern mit Standardpreisen bewertet werden.[32] Der Grund dafür liegt darin, dass die anfordernde Kostenstelle keinen Einfluss auf die Wirtschaftlichkeit der Leistungserstellung hat.[33]

Um die Ursachen für die erhöhten **Kosten pro Leistungseinheit** im Bereich der **Personalkosten des Ärztlichen Dienstes** und des **Pflegedienstes** näher analysieren zu können, empfiehlt es sich eine quantitative Personalbedarfsplanung[34] durchzuführen. Die quan-

---

[25] Vgl. Zapp und Oswald (2009, S. 71); vgl. Gericke et al. (2006, S. 77).

[26] Vgl. Bracht (2006, S. 48).

[27] Vgl. Bracht (2006, S. 48); vgl. Schuster et al. (2006, S. 32).

[28] Vgl. Zapp et al. (2004, S. 153 f.).

[29] Vgl. Bracht (2006, S. 48).

[30] Vgl. Bracht (2006, S. 48).

[31] Vgl. Multerer (2008, S. 37 ff.); vgl. Holzer et al. (2010, S. 128).

[32] Nähere Informationen zur Berechnung eines Verrechnungspreises vgl. Busch (2006, S. 1111).

[33] Vgl. Hentze und Kehres (2008, S. 106).

[34] In der Literatur wird die qualitative und quantitative Personalbedarfsermittlung unterschieden. Die qualitative Personalbedarfsermittlung umfasst die Feststellung von Qualifikationen der Mit-

titative Personalbedarfsplanung ermittelt die Personalmenge, die erforderlich ist, um das geplante Leistungsprogramm durchzuführen. Dieser ermittelte Personalbedarf kann mit dem Personalbestand abgeglichen werden. Durch die Betrachtung von Soll und Ist werden Optimierungspotentiale sichtbar.[35] Neben der Personalmenge kann die Ursache für die erhöhten Kosten auch in der Höhe der Löhne und Gehälter liegen. Um zu überprüfen, ob diese zu hoch sind, bietet es sich auch hier an, ein tiefergehendes Benchmarking durchzuführen. Hierbei sollten insbesondere die Kennzahlen „durchschnittliche Personalkosten pro Pflegekraft" und „durchschnittliche Personalkosten pro Arzt" getrennt nach der jeweiligen Berufsqualifikation verglichen werden.[36]

Im Hinblick auf die erhöhte Anzahl an Vollkräften des Pflegedienstes auf der Intensivstation empfiehlt es sich darüber hinaus, wie bereits in Abschn. 3.3.2 erwähnt, eine Intermediate Care einzurichten und dabei gleichzeitig über räumliche Umstrukturierungen nachzudenken.

Eine weitere Ursache für die erhöhten Kosten pro Punkt im Bereich der Endoskopie stellt die fehlerhafte Leistungserfassung dar. Es ist zu überprüfen, ob das gesamte Leistungsspektrum der Endoskopie in der Leistungserfassung abgebildet ist und ob alle durchgeführten Leistungen konsequent erfasst werden. Ist dies nicht der Fall, so sollte die Leistungserfassung überarbeitet und weiterentwickelt werden.

Die zuvor genannten Handlungsempfehlungen beziehen sich konkret auf die einzelnen Kostenmodule. Dennoch sehen die Autoren generell die Möglichkeit durch interne Maßnahmen, wie z. B. durch Prozessoptimierung, die gesamte Kostensituation zu verbessern. Mithilfe von Prozessanalysen können Arbeitsabläufe sowohl innerhalb der Fachabteilung „Innere Medizin" als auch zwischen der Fachabteilung und anderen Leistungsstellen auf ihre Effizienz hin überprüft werden. Zudem ergeben sich durch Prozessanalysen ggf. Anhaltspunkte für Rationalisierungspotentiale.[37] Um jedoch nicht die Qualität der Patientenversorgung zu gefährden, empfehlen die Autoren Behandlungspfade[38] als qualitätssichernde Maßnahme zu implementieren. Behandlungspfade ermöglichen die Lenkung der Leistung pro Fall und machen zudem die Leistungsreihenfolge nach Qualität und Ablauf möglich.[39] Das bedeutet, dass das Modellkrankenhaus durch die Einführung von Behandlungspfaden eine bessere Patientenlenkung bewirken und zudem eine optimierte, standardisierte Behandlung erreichen kann.[40] Neben der Verbesserung der medizinischen Behandlungsqualität könnte Fehlern und Komplikationen entgegengewirkt werden. Die

---

arbeiter. Die quantitative Personalbedarfsermittlung ermittelt hingegen die Anzahl der benötigten Mitarbeiter, vgl. Thiele et al. (2010, S. 109 ff.); vgl. Holtbrügge (2007, S. 88).

[35] Vgl. Thiele et al. (2010, S. 112 f.); vgl. Holtbrügge (2007, S. 87 f.)

[36] Vgl. Schirmer, H. (2006, S. 224 ff.)

[37] Vgl. Zapp und Oswald (2009, S. 71).

[38] In der Literatur werden oft Bezeichnungen wie klinische Pfade, Clinical pathways, klinische Behandlungspfade oder geplanter Behandlungspfad synonym verwendet, vgl. hierzu Ribbert-Elias (2006, S. 147) u. Tecklenburg (2008, S. 304).

[39] Vgl. Zapp und Oswald (2009, S. 72).

[40] Vgl. Ribbert-Elias (2006, S. 147).

Vermeidung von Fehlern und Komplikationen bewirkt eine Verkürzung der Verweildauer und somit letztendlich auch eine Reduktion von Kosten.[41] Die Einführung solcher Behandlungspfade sollte interdisziplinär und multiprofessionell erfolgen. Das bedeutet, dass die Einführung vonseiten des Controlling begleitet und Ärzte und Pflegekräfte in die Erarbeitung eingebunden werden sollten. Die Aufgabe des Controlling liegt dabei in der Erstellung von Prozessbeschreibungen und in der Durchführung einer Prozess- und Kostenanalyse.[42] In diesem Kontext rückt auch hier die Bedeutung eines Casemanagements bzw. die bereits erläuterte Funktion eines Fallbegleiters[43] in den Vordergrund.[44] Damit die Leistungserbringung des Modellkrankenhauses möglichst effizient und effektiv gestaltet werden kann, sehen die Autoren die Möglichkeit durch den Einsatz eines Fallbegleiters die bestmögliche Koordination von Aufgaben und Abläufen der in der Patientenversorgung tätigen Professionen zu erreichen und zudem die zeitnahe Kodierung zu gewährleisten.[45] Insbesondere die Tatsache, dass bei einigen DRGs die Schwierigkeit der Standardisierung auftritt, bekräftigt den Einsatz eines Fallbegleiters. Abschließend empfehlen die Autoren neben einem kontinuierlichen Benchmarking ein tiefergehendes Benchmarking durchzuführen und dabei die Mitgliedschaft im Verbund zu nutzen.

4.2   Kritische Bewertung des Benchmarking mit den InEK-Kostendaten

In diesem Kapitel soll reflektiert werden, inwieweit die DRG-Kostendaten für ein Benchmarkingverfahren auf DRG-Ebene geeignet und welche Möglichkeiten und Limitationen gegeben sind.

Die Autoren bewerten die dargestellte Methode als sehr wertvoll, da sie deutliche Hinweise gibt, in welchen Bereichen einer DRG Optimierungsbedarf besteht. Das bedeutet, dass durch den Vergleich von Ist- und Soll-Kosten eine Überschuss- bzw. Fehlbetragsbetrachtung möglich ist. Dabei werden Differenzen in einzelnen Modulen, die durch einen Kostenarten- und Kostenstellenbezug gekennzeichnet sind, sichtbar.[46] Diese Differenzen zeigen Optimierungspotentiale und Verbesserungsmaßnahmen zum Ausbau der Stärken und zum Beheben der Schwächen des Krankenhauses auf. Mithilfe der gewonnenen Benchmarking-Ergebnisse können Krankenhäuser ihr strategisches Leistungsprogramm gestalten und ihre Prozessabläufe überdenken. Zudem können Krankenhäuser durch die

---

[41] Vgl. Tecklenburg (2008, S. 304 ff.); vgl. Zapp et al. (2004, S. 151).
[42] Vgl. Ribbert-Elias (2006, S. 147); vgl. Tecklenburg (2008, S. 305 ff).
[43] In der Literatur findet man oft neben dieser Bezeichnung auch die Bezeichnung Fallmanagement.
[44] Vgl. Ribbert-Elias (2006, S. 137); vgl. Berger (2010, S. 4 ff.); vgl. Kinnebrock und Overhamm (2009, S. 135).
[45] Vgl. Zapp und Oswald (2009, S. 72).
[46] Vgl. Solidaris (2011, S. 7 Online im Internet); vgl. Schuster et al. (2006, S. 32); vgl. hierzu auch Tab. 3.1 und 3.2.

Kenntnis ihrer Leistungsposition im Rahmen von Verhandlungen mit den Kostenträgern an Einfluss gewinnen.[47]

Das Benchmarking unterscheidet sich von einem Betriebsvergleich unter anderem dadurch, dass es neben den Leistungslücken auch die Ursachen für die Unterschiede aufzeigt. Auch das Aufzeigen von Ursachen ist ansatzweise mit den vom InEK bereitgestellten Daten möglich. So können PCCL-Schweregradanalysen, Verweildaueranalysen, Analysen der kodierten Haupt- und Nebendiagnosen sowie Prozeduren und Vergleiche des Alters der Patienten durchgeführt werden.[48] Durch die Analyse dieser Daten ist es möglich, Anhaltspunkte für mögliche Abweichungen zu erhalten. Somit werden bei einem Benchmarking mit den InEK-Kostendaten auch nichtmonetäre und qualitative Daten verglichen. Auch hierdurch hebt sich das Benchmarking mit den InEK-Kostendaten vom Betriebsvergleich ab.

Um jedoch tiefer in die Abweichungsanalyse einzusteigen, sind differenziertere Kosten- und Leistungsdaten erforderlich. Nur mithilfe von ergänzenden Informationen ist es möglich, eine umfassende Ursachenforschung durchzuführen. Als mögliche Partner für die ergänzende Informationsbereitstellung kommen alle Kalkulationskrankenhäuser in Betracht. Die Bereitschaft, Daten zur Verfügung zu stellen, ist jedoch im Krankenhaussektor eingeschränkt.[49] Zudem ist die Informationsbeschaffung mit einem hohen zeitlichen Aufwand verbunden.

Ein weiterer Vorteil des Benchmarking mit den InEK-Kostendaten besteht in der Bedeutsamkeit der Daten. Die InEK-Kostendaten stellen die Erlöse dar, die ein Krankenhaus für die Erbringung einer bestimmten DRG erzielt. Vor diesem Hintergrund sind die InEK-Kostendaten nicht nur ein Vergleichswert, sondern auch ein sehr wichtiger wirtschaftlicher Zielwert. Dieser Zielwert hat eine Motivationsfunktion und eine hohe Überzeugungskraft. Die Mitarbeiter des Krankenhauses können sich mit dem Zielwert identifizieren und tragen zur Veränderung und somit zum wirtschaftlichen Erfolg des Krankenhauses bei. Zweifel, dass diese Zahlen nicht mit dem eigenen Krankenhaus vereinbar sind, können durch die Argumentation beseitigt werden, dass bei einer wirtschaftlichen Leistungserstellung zumindest die Summe der Matrix nicht überschritten werden darf.[50]

Darüber hinaus zeichnen sich die InEK-Kostendaten durch ihre öffentliche Verfügbarkeit und ihre Aktualität aus. Wie bereits oben beschrieben erweist sich der Daten- und Wissensaustausch im Krankenhaussektor als schwierig. Die InEK-Kostendaten werden hingegen in einem DRG-Report-Browser auf der Homepage des InEK öffentlich zur Verfügung gestellt. Die Daten werden jährlich aktualisiert.[51]

Trotz der positiven Aspekte und Möglichkeiten des Benchmarking mit den InEK-Kostendaten ergeben sich auch Schwierigkeiten und Ungenauigkeiten. Um die vom

---

[47] Vgl. Zapp und Oswald (2009, S. 220).

[48] Vergleich zu den Haupt-, Nebendiagnosen und Prozeduren der DRG G 67 D (Quelle: InEK (2011b), o. S., online im Internet);oder eine andere DRG mit der entsprechenden Jahreszahl.

[49] Vgl. Abschn. 2.2.2.3.

[50] Vgl. Papenhoff und Schmitz (2009, S. 92).

[51] Vgl. Papenhoff und Schmitz (2009, S. 92).

InEK bereitgestellten Daten im Sinne eines Benchmarking auf DRG-Ebene verwenden zu können, müssen noch verschiedene Ergänzungen und Korrekturen erfolgen. So sind insbesondere noch Erlöse aus Zusatzentgelten und der hausindividuelle bzw. der Landes-basisfallwert zu berücksichtigen.[52] Werden bei dem Vergleich auch Kurz- und Langlieger einbezogen, so ist die InEK-Kostenmatrix um die Zu- und Abschläge für diese Fälle zu korrigieren.[53] Des Weiteren muss der individuelle Grad des Outsourcing von Leistungen bei dem Vergleich einzelner Module beachtet werden.[54] So sind beispielsweise die Perso-nalkosten eines am Krankenhaus angestellten Radiologen unter den Personalkosten des Ärztlichen Dienstes zu finden. Ist der Bereich hingegen outgesourct, handelt es sich um Sachkosten. Dieses erschwert den Vergleich einzelner Module. Die Soll-Kosten müssen zuvor entsprechend bereinigt werden.[55]

Eine weitere Einschränkung des Kostenvergleichs mit den InEK-Daten ist dadurch ge-geben, dass strukturelle Einflussgrößen auf die Kosten und individuelle Verhältnisse nicht hinreichend berücksichtigt werden. Die Höhe der in die Kalkulation eingehenden Kos-ten ist von zahlreichen Leistungs- und Strukturmerkmalen abhängig.[56] Auch die Größe der datenliefernden Krankenhäuser hat einen Einfluss auf die Kosten. Größere Kranken-häuser können Skaleneffekte nutzen und dadurch Leistungen günstiger erbringen als es Einrichtungen mit geringer Bettenanzahl können.[57] Folglich können Probleme und Un-genauigkeiten beim Benchmarking auftreten. Da jedoch die Krankenhäuser die Preise für das Leistungsgeschehen im Markt nicht frei verhandeln können, ist es unerheblich, ob die InEK-Kostenmatrix das Leistungsgeschehen im jeweiligen Krankenhaus tatsächlich abbil-det.[58]

Einen weiteren erheblichen Nachteil stellt die Tatsache dar, dass es sich bei der InEK-Kalkulation um eine Ist-Kostenrechnung handelt. Zwischen dem Datenjahr und dem Sys-temjahr liegen zwei Jahre. Somit basiert das Benchmarking immer auf vergangenheitsori-entierten Daten.[59]

Zusammenfassend kann festgehalten werden, dass das Benchmarking mit den InEK-Kostendaten ein wertvolles Instrument ist, um Schwachstellen und Defizite innerhalb einer DRG aufzudecken. Jedoch sollte ein Vergleich nicht undifferenziert mit einer Kos-tenmatrix vorgenommen werden. Es sind krankenhausindividuelle Begebenheiten sowohl bei der Aufbereitung der Daten (z. B. Outsourcing) als auch bei der Datenanalyse und

---

[52] Vgl. Püllen et al. (2005, S. 54).
[53] In der in Kap. 1 beschriebenen Benchmarking-Studie werden lediglich Normallieger einbezogen. Vor diesem Hintergrund mussten keine Korrekturen hinsichtlich der Zu- und Abschläge für Kurz- und Langlieger vorgenommen werden.
[54] Vgl. Abschn. 2.2.1.3.2.
[55] Vgl. Papenhoff und Schmitz (2009, S. 93 f).
[56] Vgl. Schuster et al. (2006, S. 30); vgl. Krämer (2010, S. 26); vgl. Zapp und Oswald (2009, S. 217).
[57] Vgl. Schuster et al. (2006, S. 30); vgl. Zapp und Oswald (2009, S. 219).
[58] Vgl. Abrahamczik und Bohemann (2010, S. 48).
[59] Vgl. Krämer (2010, S. 26).

-interpretation (z. B. strukturelle Einflussgrößen) zu berücksichtigen.[60] Um jedoch ein wirkungsvolles Benchmarking mit einer umfassenden Ursachenforschung durchführen zu können, muss auf weitere Informationen der Kalkulationskrankenhäuser zurückgegriffen werden. Auch die in Abschn. 4.1 genannte Handlungsempfehlung, ein tiefergehendes Benchmarking durchzuführen, setzt voraus, dass die zugrunde liegenden Vergleichsdaten nicht anonym sind. Die Strukturen des jeweiligen Krankenhauses bzw. der Fachabteilung spielen eine wichtige Rolle, um die eigenen Prozesspraktiken zu verbessern. Nur wenn der Vergleichspartner bekannt ist, ist ein offener Austausch möglich.[61]

---

[60] Vgl. Püllen et al. (2005, S. 56); vgl. Papenhoff und Schmitz (2009, S. 94).
[61] Vgl. Pfeuffer und Beck (2008, S. 50).

Ausblick

In der vorliegenden Arbeit wurde ein Benchmarking mit InEK-Kostendaten am Beispiel der Internistischen Fachabteilung eines Modellkrankenhauses durchgeführt. Dafür wurde die DRG ausgewählt, die im Modellkrankenhaus am häufigsten erbracht wurde. Diese DRG weist deutliche Defizite auf.

Um ein umfassendes Bild und ein besseres Verständnis von der Praxisinstitution zu bekommen, wurde vor dem Beginn der Durchführung des Benchmarkingprozesses das Krankenhaus vorgestellt. Die Durchführung des Prozesses endet mit den sich aus den ermittelten Ursachen ergebenden Handlungsempfehlungen. Abschließend wurde im Hinblick auf den Informationsgehalt und der Aufwand-Nutzen-Relation die Durchführung des Benchmarking mit den InEK-Kostendaten diskutiert. Dabei wurden insbesondere die Vor- und Nachteile eines solchen Benchmarking beleuchtet. Unter Gesichtspunkten des Informationsgehaltes und des Aufwandes kamen die Autoren zu dem Ergebnis, dass sich ein Benchmarking mit den InEK-Kostendaten als sinnvoll erweist. Das Benchmarking mit den InEK-Kostendaten kann als ein Instrument aufgefasst werden, um Schwachstellen und Defizite innerhalb einer DRG aufzudecken und Hinweise zu geben, in welchen Bereichen einer DRG Optimierungsbedarf besteht. Jedoch ist es für eine umfassende Ursachenforschung aufgrund der beschränkten Informationen des InEK notwendig, ergänzende Informationen von anderen Kalkulationskrankenhäusern einzuholen. Das Benchmarking mit den InEK-Kostendaten kann durch die Motivationsfunktion und der hohen Überzeugungskraft der InEK-Kostendaten als Controllinginstrument einen entscheidenden Einfluss auf das Verhalten der Mitarbeiter ausüben.

Bei der Durchführung des Benchmarking-Prozesses, insbesondere bei der Analyse, zeigte sich den Autoren mögliches Optimierungspotenzial in den Bereichen des Pflegedienstes auf der Normal- und Intensivstation sowie im Bereich der Endoskopie. Unter Beachtung der aufgezeigten Maßnahmen und im Hinblick auf mögliche Lenkungsgrößen zur Überwachung und Kontrolle könnten die Verweildauer, die Personalkosten, der Anteil von Intensivfällen sowie die Anzahl der Anforderungen in der Endoskopie als Lenkungs-

S. Hesse et al., *Benchmarking im Krankenhaus*, Controlling im Krankenhaus,
DOI 10.1007/978-3-658-04134-2, © Springer Fachmedien Wiesbaden 2013

größen in Betracht kommen und auf diese zurückgegriffen werden.[62] Sie dienen somit als Indikatoren und ergänzen die bisherigen Planungs- und Lenkungselemente.[63]

Neben der DRG G67D könnte das Modellkrankenhaus weitere defizitäre und bedeutende DRG untersuchen und diese einem Benchmarking unterziehen. Im Hinblick auf den Nutzen sollte dieses Benchmarking kontinuierlich durchgeführt werden. Somit würde die Aussagekraft des Benchmarking verstärkt werden. Zudem ergibt sich die Möglichkeit, ein Benchmarking auf Fachabteilungsebene durchzuführen. Damit könnten Informationen über generelle Probleme, aber auch fachabteilungsbezogene Stärken und Schwächen gewonnen und mögliche fachabteilungsbezogene Ursachen ermittelt werden.[64]

Nach Meinung der Autoren sollten zudem die Ergebnisse des Benchmarking bzw. die Ergebnisse der Analyse der Krankenhausleitung, den verantwortlichen Chefärzten sowie dem Pflegedienstleiter und der zuständigen Controllerin präsentiert werden. Im Anschluss daran sollten in Gesprächen mögliche Handlungsoptionen diskutiert und entsprechende Zielvorgaben festgelegt werden. Somit wird neben einer verbesserten Erlös- und Kostentransparenz auch eine Motivationsgrundlage zur Verbesserung geschaffen.[65]

Im Hinblick auf das Controllinginstrument „Benchmarking" erscheint es abschließend sinnvoll, dieses Instrument als Ergänzung zu der bereits vorhandenen fachabteilungsbezogenen Deckungsbeitragsrechnung zu nutzen. Das bedeutet, dass das Modellkrankenhaus den Chefärzten neben der fachabteilungsbezogenen Deckungsbeitragsrechnung zusätzlich die krankenhausindividuelle Soll-Istkostenmatrix auf Basis der InEK-Kalkulationsergebnisse der Top-10-DRGs zur Verfügung stellen sollte. Die Kostenmatrix sollte mit den erwähnten Ampelfarben gekennzeichnet werden. So wird dem verantwortlichen Chefarzt ein schneller Überblick über die handlungsbedürftigen Bereiche der jeweiligen DRG gewährt. Zudem werden den Verantwortlichen durch die Kombination dieser beiden planungs- und kontrollorientierten Instrumente umfassende entscheidungs- und lenkungsrelevante Informationen zur Verfügung gestellt, die wiederum der Sicherstellung und Verbesserung der Krankenhauszielerreichung und einer zielorientierten Ausgestaltung des Controlling dienen.[66]

---

[62] Vgl. Pfeuffer und Beck (2008, S. 49 ff.).

[63] Vgl. Nüßle (2005, S. 947).

[64] Vgl. Wrobel et al. (2011, S. 14); vgl. Abrahamczik und Bohemann (2010, S. 49 f.); vgl. Beck et al. (2006, S. 14 ff.).

[65] Vgl. Püllen et al. (2005, S. 56); vgl. Pfeuffer und Beck (2008, S. 49 ff.); vgl. Zapp und Oswald (2009, S. 85).

[66] Vgl. Zapp und Oswald (2009, S. 88 f., S. 116).

Anhang 1: Ermittlung des Pflegeaufwandes nach der Pflege-Personalregelung (PPR)

Allgemeine Pflege \ Spezielle Pflege	S1: Grundleistungen	S2: Erweiterte Leistungen	S3: Besondere Leistungen
A1: Grundleistungen	A1/ S1 52 Minuten	A1/ S2 62 Minuten	A1/S3 88 Minuten
A2: Erweiterte Leistungen	A2/S1 98 Minuten	A2/ S2 108 Minuten	A2/ S3 134 Minuten
A3: Besondere Leistungen	A3/S1 179 Minuten	A3/ S2 189 Minuten	A3/S3 215 Minuten

Ermittlung des Pflegeaufwandes:

- Pflegegrundwert von 30 Minuten je Patient und Tag (für Tätigkeiten, die nicht unmittelbar zur Patientenbetreuung gehören, z. B. administrative Aufgaben)
- Fallwert von 70 Minuten je Krankenhausaufnahme (für Tätigkeiten, die einmal pro Patient anfallen (Aufnahme und Entlassung))
- Minutenwerte je nach Einordnung in die Pflegegruppen (A1/S1 …)

Quelle: in Anlehnung an Keun und Prott (2008, S. 11 f).

Anhang 2: Grafische Darstellung der Korrelation zwischen PPR-Minuten und Verweildauer

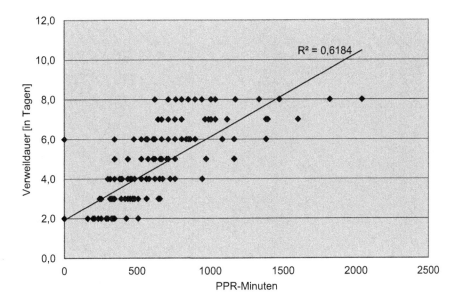

Erläuterungen: R^2 ist das Bestimmtheitsmaß. Das Bestimmtheitsmaß ist das Quadrat des Korrelationskoeffizienten entsprechend den in Y-Werte (Verweildauer) und X-Werte (PPR-Minuten) abgelegten Datenpunkten.

Literaturverzeichnis

Monographien und Sammelwerke

Berger, R. (2010): Verweildauersteuerung durch Prozessoptimierung. Erfolgsfaktor Case Management. Broschüre Roland Berger Strategy Consultants

Bortz, J. u. Döring, N. (2006): Forschungsmethoden und Evaluation für Human- und Sozialwissenschaftler. 4. überarbeitete Auflage. Heidelberg. Springer Medizin Verlag

Bracht, M. (2006): Ärztliches Management im Krankenhaus. Anforderungen und Realisierung unter veränderten Rahmenbedingungen. München. Ludwig-Maximilians-Universität. Medizinische Fakultät. (Diss.)

Camp, R. C. (1989): Benchmarking. The Search for Industry Best Practices That Lead to Superior Performance. Milwaukee. Quality Resources

Doege, V. u. Martini, S. (2008): Krankenhäuser auf dem Weg in den Wettbewerb. Der Implementierungsprozess der Diagnosis Related Groups. Wiesbaden. GWV Fachverlage GmbH

Fahrmeir, L. u. a. (2007): Statistik. Der Weg zur Datenanalyse. 6. überarbeitete Auflage. Berlin. Springer Verlag

Gericke, C. u. a. (2006): Leistungsmanagement in Krankenhäusern. In: Busse, R. u a. [Hrsg.]: Management im Gesundheitswesen. Heidelberg. Springer Verlag. S. 54–80

Grün, A. H. (2007): Medizin und Ökonomie im Spannungsfeld? In: Grün, A. H. u. Viebahn, R. [Hrsg.]: Medizin für Nichtmediziner. Ein Handbuch von Ärzten und weiteren Experten für Nichtmediziner im Gesundheitswesen. Kulmbach. Baumann Fachverlage GmbH & Co. KG. S. 9–37

Hamp, T. u. Weidenauer, D. (2010): Lehrbuch Teritiale Notfall- und Intensivmedizin. Wien. Springer Verlag

Hansen, D. u. Gloer, J. (2004): Auswirkungen der DRG-Einführung auf die stationäre Verweildauer. In: Zapp, W. [Hrsg.]: Controlling in der Pflege. Bern. Verlag Hans Huber. S. 168–174

Hentze, J. u. Kehres, E. (2008): Kosten- und Leistungsrechnung in Krankenhäusern. Systematische Einführung. 5., vollständig überarbeitete Auflage. Stuttgart. Kohlhammer

Hildebrand, R. (1988): Kostenrechnung. In: Eichhorn, S. [Hrsg.]: Handbuch Krankenhaus-Rechnungswesen. Grundlagen – Verfahren – Anwendungen. 2. überarbeitete und erweiterte Auflage. Wiesbaden. Betriebswirtschaftlicher Verlag Dr. Th. Gabler GmbH. S. 344–497

Holtbrügge, D. (2007): Personalmanagement. 3. Auflage. Berlin. Springer-Verlag

Holzer, E. u. a. (2010): Controlling. Ein Managementinstrument für die erfolgreiche Steuerung von Gesundheitsbetrieben. Wien. Facultas Verlags- und Buchhandels AG

Kaltewasser, S. (2004): Rahmenbedingungen des Controllings im Pflegedienst. In: Zapp, W. [Hrsg.]: Controlling in der Pflege. Bern. Verlag Hans Huber. S. 139–150

Keun, F. u. Prott, R. (2008): Einführung in die Krankenhaus-Kostenrechnung. Anpassung an neue Rahmenbedingungen. 7. überarbeitete Auflage, Wiesbaden. Gabler

Kinnebrock, A. u. Overhamm, U. (2009): Kodierung und Leistungserfassung. In: Behrendt, I. u. a. [Hrsg.]: Zukunftsorientierter Wandel im Krankenhausmanagement. Outsourcing, IT-Nutzenpotenziale, Kooperationsformen, Changemanagement. Berlin. Springer-Verlag. S. 127–140

Multerer, C. (2008): Verrechnungspreise für Profit-Center im Krankenhaus. Möglichkeiten und Grenzen ihrer Gestaltung im Kontext deutscher DRGs. München. Technische Universität München. Fakultät Wirtschaftswissenschaften. (Diss.)

Papenhoff, M. u. Schmitz, F. (2009): BWL für Mediziner im Krankenhaus. Zusammenhänge verstehen – erfolgreich argumentieren. Heidelberg. Springer Medizin Verlag

Ribbert-Elias, J. (2006): Case Management im Krankenhaus: Voraussetzungen – Anforderungen – Implementierung. In: Wendt, R. u. Löcherbach, P. [Hrsg.]: Case Management in der Entwicklung – Stand und Perspektiven in der Praxis. Heidelberg. Ecconomica. Verlagsgruppe Hüthig Jehle Rehm GmbH. S. 135–154

Schirmer, H. (2006): Krankenhaus Controlling. Handlungsempfehlungen für Krankenhausmanager, Krankenhauscontroller und alle mit Controlling befassten Führungs- und Fachkräfte in der Gesundheitswirtschaft. 3. überarbeitete und erweiterte Auflage. Renningen. Expert Verlag

Schmidt-Rettig, B. (2008): Finanzierung. In: Schmidt-Rettig, B. u. Eichhorn, S. [Hrsg.]: Krankenhaus-Managementlehre. Theorie und Praxis eines integrierten Konzepts. Stuttgart. W. Kohlhammer GmbH. S. 379–426

Schmidt-Rettig, B. u. Westphely, K. (1992): Kosten- und Leistungsrechnung im Krankenhaus. In: Männel, W. [Hrsg.]: Handbuch Kostenrechnung. Wiesbaden. Betriebswirtschaftlicher Verlag Dr. Th. Gabler GmbH. S. 1181–1193

Schweitzer, M. u. Küpper, H.-U. (2008): Systeme der Kosten- und Erlösrechnung. München. Verlag Franz Vahlen GmbH

Tecklenburg, A. (2008): Managementwerkzeug: Geplante Behandlungspfade. In: Schmidt-Rettig, B. u. Eichhorn, S. [Hrsg.]: Krankenhaus-Managementlehre. Theorie und Praxis eines integrierten Konzepts. Stuttgart. W. Kohlhammer GmbH. S. 303–310

Thiele, G. u. a. (2010): Pflegewirtschaftslehre für Krankenhäuser, Pflege, Vorsorge- und Rehabilitationseinrichtungen. 3. neu bearbeitete und erweiterte Auflage. Heidelberg. medhochzwei Verlag

Zapp, W. u. a. (2004): Clinical Pathways als Controlling-Instrument in Medizin und Pflege. In: Zapp, W. [Hrsg.]: Controlling in der Pflege. Bern. Verlag Hans Huber. S. 151–167

Zapp, W. (2008): Prozessorganisation. In: Schmidt-Rettig, B. u. Eichhorn, S. [Hrsg.]: Krankenhaus-Managementlehre. Theorie und Praxis eines integrierten Konzepts. Stuttgart. W. Kohlhammer GmbH. S. 251–279

Zapp, W. u. Oswald, J. (2009): Controlling-Instrumente für Krankenhäuser. Stuttgart. Verlag W. Kohlhammer

Zeitschriftenartikel

Abrahamczik, G. u. Bohemann, L. (2010): Kann man mit dem InEK-Kalkulationsschema im Krankenhaus steuern? Ein pragmatischer Lösungsansatz. In: KU Gesundheitsmanagement. Heft 5/2010. S. 46–50

Ament-Rambow, C. (2008): Wer sind unsere Kunden von morgen – und was erwarten sie? Das Krankenhaus der Zukunft – Trends, Entwicklungen und die Position im Markt. In: KU Gesundheitsmanagement. Heft 11/2008. S. 18–23

Angerhausen, S. (2009): Neue Wege gehen. Die standardisierte Behandlung reicht künftig nicht mehr aus. In: KU Gesundheitsmanagement. Heft 12/2009. S. 44–46

Beck, U. u. a. (2006): DRG-Kalkulation und Benchmarking. Auch die Personalbemessung folgt der Leistung im CLINOTEL-Verbund. In: KU-Special Controlling. Heft 04/2006. S. 14–16

Becker, H. F. u. a. (2006): Intermediate-Care-Units und nichtinvasive Beatmung. In: Medizinische Klinik. Heft 4/2006. S. 334–339

Branin, J. u. Schenke, C. (2009): Krankenhäuser brauchen Demenzkonzepte. Ansätze für eine bessere Versorgungsqualität dementer Patienten. In: KU Gesundheitsmanagement. Heft 12/2009. S. 40–43

Busch, H.-P. (2006): Interne Leistungsverrechnung im Krankenhaus am Beispiel eines „Profitcenters". Wer soll was bezahlen? In: das Krankenhaus. Heft 12/2006. S. 1109–1117

Dennler, U. (2009): Der demographische Tsunami naht. Auf die Krankenhäuser kommen stürmische Zeiten zu. In: KU Gesundheitsmanagement. Heft 12/2009. S. 23–26

Dollen von, A. (2009): Spezifisch therapeutisches Milieu. Ü76: Eine Spezialstation für Patienten mit Demenz. In: KU Gesundheitsmanagement. Heft 12/2009. S. 48–50

Freter, H.-J. (2009): Mehr Infos, bitte! Ein Informationsbogen hilft bei der Versorgung von Patienten mit Demenz. In: KU Gesundheitsmanagement. Heft 12/2009. S. 47

Krämer, N. (2010): InEK-Kalkulationsschema mit Mängeln. Als Steuerungsinstrument für Krankenhäuser eignet es sich nur bedingt. In: KU special Controlling. Heft März 2010, S. 23–26.

KU (2011): Krankenhauskosten sind 2009 um 6,1 % gestiegen. In: KU Gesundheitsmanagement. Heft 4/2011. S. 6

Micklefield, G. (2008): Chronische Krankheiten besser managen. Ambulant-stationäre Kooperation am Beispiel des Diabetes mellitus. In: KU Gesundheitsmanagement. Heft 11/2008. S. 66–69

Nüßle, R. (2005): Zusatznutzen der InEK-Kostendaten. Krankenhaus-individuelle Sollkosten-Matrix basierend auf den InEK-Kalkulationsergebnissen. In: KU Gesundheitsmanagement. Heft 11/2005. S. 946–947

P.E.G. (2011): Die Sachkosten im Fokus. Beim P.E.G. Symposium für das Krankenhausmanagement wurden neue Beschaffungsstrategien diskutiert. In: KU Gesundheitsmanagement. Heft 5/2011. S. 73

Pfeuffer, B. u. Beck, U. (2008): Es lässt sich nichts „hineinkontrollieren". Benchmarking: Eine gute Praxis braucht Motivation der Prozesstreiber. In: Krankenhaus Umschau. Heft 1/2008. S. 48–50

Püllen, J. u. a. (2005): Die Kostendaten des InEK für das eigene Benchmark nutzen. Die Kliniken Maria Hilf optimieren ihr Controlling. In: f&w führen und wirtschaften im Krankenhaus. Heft 1/2005. S. 54–56

Schuster, M. u. a. (2006): Die Nutzung der Erlösdaten der „DRGs" für ein externes Benchmarking der anästhesiologischen und intensivmedizinischen Leistungserbringung. In: Der Anaesthesist. Heft 1/2006. S. 26–32

Stoffers, T. (2009): Wo bin ich? Verwirrt im Krankenhaus. Die Zahl dementer Patienten wird zunehmen-darauf sollten sich Kliniken vorbereiten. In: KU Gesundheitsmanagement. Heft 12/2009. S. 38–39

Wrobel, C. u. a. (2011): Zahlen und Sinn. Arbeiten mit Betriebsvergleichen und Benchmarking. In: KU Special Controlling März 2011. Heft 3, S. 12–15

Zapp, W. u. a. (2010): Kapazitäten nutzen! Belegungsmanagement als Instrument für Effizienz- und Ertragssteigerung. In: KU Gesundheitsmanagement. Heft 9/2010. S. 60–63

Internetquellen

Fallpauschalen-Katalog (2009): G-DRG-Version 2009. In: http://www.g-drg.de/cms/index.php/G-DRG-System_2009/Fallpauschalen-Katalog/Fallpauschalen-Katalog_2009. (Download: 09.05.2011)

Fallpauschalen-Katalog (2011): G-DRG-Version 2011. In: http://www.g-drg.de/cms/index.php/G-DRG-System_2011/Fallpauschalen-Katalog/Fallpauschalen-Katalog_2011. (Download: 26.04.2011)

InEK (2002): Kalkulation der ersten deutschen Bewertungsrelationen für das G-DRG-System. Band 1: Projektbericht. In: http://www.g-drg.de/cms/index.php/content/view/full/844. (Download: 11.05.2011)

InEK (2010): Abschlussbericht. Weiterentwicklung des G-DRG-Systems für das Jahr 2011. Klassifikation, Katalog und Bewertungsrelationen. Teil I: Projektbericht. In: http://www.g-drg.de/cms/index.php/G-DRG-System_2011/Abschlussbericht_zur_Weiterentwicklung_des_G-DRG-Systems_und_Report_Browser/Abschlussbericht_zur_Weiterentwicklung_des_G-DRG-Systems_fuer_2011. (Download: 09.05.2011)

InEK (2011a): Wir über uns. In: http://www.g-drg.de/cms/index.php/Das_Institut/Wir_ueber_uns. (Download: 13.04.2011)

InEK (2011b): G-DRG V2009/2011 HA-Report-Browser. In: http://www.g-drg.de/cms/index.php/content/view/full/2859. (Download: 09.05.2011)

InEK (2011c): Liste der Krankenhäuser mit Kalkulationsvereinbarung. In: http://www.g-drg.de/cms/index.php/Kalkulation2/DRG-Fallpauschalen_17b_KHG/Vereinbarung/Liste_der_Krankenhaeuser_mit_Kalkulationsvereinbarung. (Download: 11.05.2011)

Kalkulationshandbuch (2007): Kalkulation von Fallpauschalen. Handbuch zur Anwendung in Krankenhäusern. Version 3.0. In: http://www.g-drg.de/cms/index.php/Kalkulation2/DRG-Fallpauschalen_17b_KHG/Kalkulationshandbuch. (Download: 09.05.2011)

Solidaris (2011): Wettbewerbsvorteile durch Best Practice-Vergleiche. Umfassendes Kosten- und Leistungs-Benchmarking für InEK-Kalkulationshäuser. In: http://beratung.solidaris.eu/pdf/Solidaris-Benchmarking-05-2009.pdf. (Download: 10.05.2011)

MEHR ZEIT FÜR QUALITÄT

Covidien steht Ihnen beratend zur Seite, wenn es darum geht, Kosten-Nutzen-Aspekte einzelner Prozeduren und Produkte darzustellen.

+ Know-How in gesundheitsökonomischen Fragen

+ Qualität in allem, was wir tun

+ Expertise in der Optimierung von OP-Abläufen

+ Unterstützung beim Aufbau von Adipositas-Zentren